Aldo Busi

MANUALE DELLA PERFETTA MAMMA

(con qualche contrazione anche per il Papà)

MONDADORI

Il nostro indirizzo Internet è:
http://www.mondadori.com/libri

ISBN 88-04-46629-4

© 2000 Arnoldo Mondadori Editore S.p.A., Milano
I edizione settembre 2000

Indice

- 11 La Mamma sotto: scelta dell'incintatore ideale
- 23 Pre-maman
- 29 Follicolo del pre-maman
- 35 Post-maman
- 41 Follicolo del post-maman
- 43 Uranico-maman
- 49 «Napoli. Requiem per Maria madre di Dio»
- 51 Tirando le Somme mam-marie per la gonna
- 59 La iperprotettiva indefessa
- 65 Stinco di santo/stinco di porco
- 73 I primi vagiti della perfetta Mamma
- 77 Parlare coi feti?
- 83 Il pap-test del mamma-pappa
- 87 È nato!
- 91 Il latte materno e i suoi derivati
- 95 Sesso in quarantena
- 97 Panegirico sulla protezione e promozione della Famiglia
- 103 La brava ragazza è una perfetta Mamma nata
- 117 La perfetta Mamma lavora fuori casa di sera?
- 119 Perfetta Mamma en passant
- 123 Sentimenti perfettamente imperfetti
- 127 La perfetta Mamma e il buco della serratura

139	Poiché le lavandaie non esistono più, una perfetta Mamma lascia Dio alle vallette televisive e san Gennaro a Padre Pio
145	Grazie alle cure ormonali, quattro figli col cesareo e va subito a ballare
147	Dodici gemellini albini: un record fascista dei nostri tempi
149	La prova del nove della perfetta Mamma povera con prole numerosa
153	Che cosa fa una perfetta Mamma ritrovandosi in casa un figlio Down travestito che fa la battona e ogni notte rientra con la borsetta piena di soldi perché lo scambiano per una esotica dei Mari del Sud?
155	Come si comporta invece la perfetta Mamma di un travestito qualsiasi?
157	Quand'è che una maternità isterica può dirsi perfetta?
159	Dell'indorare la pillola
167	Del procreare a tutti i costi, fosse pure per il buco del culo, d'ora in poi chiamato Piopio
173	Del perché ci sono bimbe che non vogliono dormire a casa dei nonni
175	Commiato dalla Mamma
177	«Mamma mia!» (Prologo a tutto)
181	*Del mio vero rapporto con Maria Bonora in Busi, mia madre*

Manuale della perfetta Mamma

agli invertebrati

🎼 Son tutte belle le mamme del mondo
Quando un bambino si stringono al cuor...🎼

Canzone degli anni Cinquanta

È legata mani e piedi al muro. Davanti a lei, ugualmente infissa al muro, c'è una lamina d'acciaio tagliente che si solleva contro il suo ventre. Se vuole sottrarsi al colpo di frusta, deve gettarsi in avanti: allora si taglia; se vuole evitare la lama, bisogna che si getti sui colpi.

D.A.F. DE SADE, *Le centoventi giornate di Sodoma*

Una donna di valore non si accontenta di un appartamento, esige uno scandalo, e che il suo uomo le metta ai piedi non la scarpetta di Cenerentola ma l'intera reputazione, sua individuale nonché quella antropologica del suo genere; non tocca più a lei riscattarsi e diventare la principessa, tocca a lui farle da sguattero e ripartire con la problematica delle pari opportunità presa dall'altra, inedita parte.

    La donna di valore, prima di illuderlo di concedergli qualcosa fosse pure per togliergli il doppio a sua insaputa, baderà bene che il processo di emancipazione dell'uomo non duri comunque meno di tremila anni. E rotti.

ALDO BUSI, *Da nessuna parte, che si sappia, quindi sarà qui*

La Mamma sotto: scelta dell'incintatore ideale

Siccome non sono le donne gratis a rifiutarsi ma sono gli uomini che per risparmiare vanno a puttane sin dalla più tenera età – nove milioni di puttanieri dai quindici ai settanta che si spartiscono e fanno girare sempre lo stesso carniere di circa ottantamila donne e viados non sono uno sputo, scolo e uretrite a parte –, uno può per cinque anni fare il fidanzato in casa di una brava ragazza di famiglia e non averla ancora sfiorata con l'orecchino al lobo, ma resta il fatto che al momento del «Sì» lui ha ottantamila probabilità più di lei di essere impestato marcio di Aids, sifilide, ameba, *Herpes genitalis* e sacri valori del matrimonio.

In guardia, donne: l'atto sessuale dell'italiano medio non è un atto di coscienza e di laica e illuministica agnizione ghiandolare, non ne ha le premesse artistiche e emozionali, è uno sfogo da sballo e da depressione e di rabbia, di sfatta bullaggine, di baldanzosa ipocrisia, di «Vade retro Satana» (sodomizzazione da trans, nel senso che è il trans che glielo mette nel retro).

Egli fa sesso dietro le quinte del suo perbenismo di facciata e perciò lo fa male, perché non presuppone una persona davanti a sé, ma il fantasmino robotizzato della sua nevrosi di mammone e della sua vile cattiveria di falso timido.

I fantasmini – una volta accettata l'inevitabilità professionale della persona-trans e della persona-puttana di stare sul marciapiede-teatro a patto di non entrare in scena se non con la maschera appropriata alla marchetta –, cioè i fantasmini del sesso a pagamento, della realtà della sessualità maschile vedono sempre e solo gli stessi stereotipi deturpanti che hanno fifa della vera faccia di una donna e che pagano un replicante per travestirsi da mascherina con le tette *ad hoc*. Dette mascherine un tanto a fischio finiscono con l'odiare il loro inclito pubblico a tal punto che, se non pensano di dover essere sane per non essere infette e infettive, neppure pensano di essere infette e infettive una volta che non sono più sane. Mica si tolgono dal marciapiede solo per una simile sciocchezza venerea: i fantasmi non hanno una carne in sé, quindi va sempre bene la carne che gli presuppone il cliente, disposto a pagare marchetta doppia se si fa senza preservativo.

Occhio, donne che sognate una famiglia e una prole: non esiste quasi mai un fidanzatino modello che non sia al contempo un marito a rischio.

Sono pericolosi, i fantasmi fantasmizzati, e spesso hanno in un solo turno serale potere di vita e di morte su una ventina di giovani virgulti in cerca di emozioni forti – di cliché di emozioni forti da branco, cioè di calchi standard di subcultura da stadio e da videogiochi e da volontariato alla Sacro Cuore di Gesù e da canzonetta, spesso impegnata.

Io, come si sarà capito, ricevo parecchie confidenze sul campo di battaglia e spesso faccio come se fossi anch'io di questo esercito a caccia o di quell'altro di cacciati, entrambi di dispersi, e per ispirare la confidenza di un barelliere faccio dei faccia a faccia da tregenda napoleonica, non sono uno che accanto al caminetto interpreta statistiche e ricama origami intellettualistici e poi, invece di spararsi fra la destra e la sinistra il suo bel risultato che non cambia una sega in una pialla, le spara grosse.

Spesso mi sono appostato sui viali del tramonto di ogni vergogna, non solo per segreta invidia, e una volta le ho anche prese, non perché facessi qualcosa, ma perché non facevo niente e davo troppo nell'occhio così dinoccolato nella mia garitta senza fare né il travestito da donna né il travestito da uomo né il supervisore alle *royalties* travestito da forza dell'ordine, uno autentico, un pappone in divisa.

Perciò, ragazze che state confezionando le bomboniere e chissà perché avete rinunciato così presto alle bombe molotov: esami del sangue pretesi prima di ovulare sottosopra con un italiano medio che davanti te la fa bella e liscia e di dietro non si sa.

Voi dovete partire dal presupposto che non si sa

mai niente di nessuno partendo proprio da come siete voi in realtà: qualcuno lo sospetterebbe mai?

Nella mia città, Brescia, al più alto tasso di Hiv positivo fra le donne sposate non tossicodipendenti e non battone d'Italia, so di un non giovanissimo rampollo di industriali che, dopo non aver fatto niente per non infettare la fidanzata e avendola lasciata con una confessione (quanto tardiva!) e con un grosso emolumento in denaro per metterla a tacere, stava per convolare a nozze con una ragazzina, economicamente e socialmente a lui inferiore, senza che questa sapesse né sospettasse niente dello stato, che definirei criminale, del promesso così in vista e così ambìto da tanti papà banchieri e industriali per le loro figliole sofistiche e disappetenti.

Io, pur non conoscendo nessuno dei due direttamente (la storia mi è stata raccontata dalla ex fidanzata piantata, una neolaureata in medicina, tutta sconvolta perché stava aspettando il decorso ritenuto conclusivo per rifarsi gli esami), ero molto allarmato per questa ragazzina e stavo già dando via di testa pensando all'ingiustizia che la sposa imminente stava patendo – sulla sua pelle – a causa di questo squaletto di provincia e di tutta la sua rispettabile famigliola di preminenti da messa cantata che non potevano non essere al corrente delle piastrine assassine.

Ho chiesto alla ex se non si sentiva in dovere di avvisare la rivale vittima designata e lei mi ha risposto che anche su questa faccenda aveva stretto con lui il patto del silenzio.

Ora, la meschinità umana può essere sconfinata e in questo caso lo è: una ex, un dottore in medicina, che si sente in pericolo di morte, e solo perché deve pensare a sé e alla sua sopravvivenza (almeno ancora in teoria: malgrado mi avesse promesso di farmi sapere a tempo debito i risultati degli esami, non si è mai più fatta sentire), si umilia, dietro compenso, al ricatto di lasciare che un'altra ragazza stia per subire la sua stessa sorte. Perché per quella tale, se non si è mai più fatta sentire, la conclusione per me è una sola.

Avendo io a mia volta chiesto sul caso pareri illuminanti alle mie conoscenti, nel senso di che cosa ne pensassero loro e che cosa si poteva fare, due su tre mi hanno snocciolato la stessa ragione lasciandomi basito:

a) quel giovanotto di ormai trent'anni e passa era uno dei partiti più appetitosi del Nord,

b) era piuttosto piacioso, sempre abbronzato, sempre all'ultima moda, sempre sfacciato e sicuro di sé come piace alle donne, era un figlio del potere, ecco, e una ragazza, per quanto ingenua, sposa il potere, mica chi ne porta le mutande,

c) non dovevo fare niente, anche perché, secondo loro, l'affarone che la tanto più modesta figlia del popolo stava facendo con cotanto figlio dei dané e della massoneria industriale era tale che non solo lei non si sarebbe astenuta dall'andare all'altare nemmeno se fosse stata al corrente di andarci già semicadavere, ma l'informazione e l'allarme le sarebbero arrivati troppo tardi, un tipo come quello mica porta all'altare una vergine...

Perché, secondo le mie amiche, la neosposa sapeva già tutto; esse non credevano che la ex avesse taciuto fino in fondo, da donne in prima persona erano sicure che, anche solo per vendetta, prima aveva intascato e poi aveva cantato; secondo le mie informatrici sulla perversa psiche della donna inferiore davanti al grande partito o Principe Azzurro, pur se impestato, la macabra rivelazione non l'aveva sconvolta più di tanto o, se sì, una volta chiesto consiglio alla mamma scalatrice sociale, questa l'avrà rassicurata che sono balle, sono bazzecole, sai com'è cattiva e invidiosa la gente, un uomo così mica arriva due volte nella vita...

Infatti: si muore già alla prima.

Quando io ho cercato di ribattere alla tesi delle mie amiche con la più ovvia delle proteste, «Ma come, e chi se ne frega del potere se ci devo rimettere la pelle?», mi hanno guardato con compassione: e gli atleti che si dopano, allora, e sanno che in dieci anni creperanno di leucemia, di cancro, di infarto? C'è forse ancora qualcuno che non sappia l'effetto devastante degli anabolizzanti e compagnia bella? E solo per questo ce n'è uno solo che pur di salire sul podio dei vittoriosi non è disposto a aumentare le dosi, invece di smettere? In che mondo vivi, mi hanno risposto in coro. Meglio un giorno da leone che...

Già, in che mondo vivo? Ma, per me, un ragionamento simile è già un belare anche in quell'unico giorno in cui si dovrebbe ruggire.

Io sono un bravo ragazzo senza doppia vita e, anzi, direi senza neanche più una semplice per quanto riguarda l'essere almeno una cosa e il sembrarne un'altra. Me la canto e me la suono, me la do, me la rifiuto, me la tiro dietro, le faccio fare un rimbalzo, me la riprendo e, oplà, non si è mai spostata dal suo unico posto a disposizione, la mia vita semplice, è proprio quel che sembra e sembra quel che è, uno zero coi fiocchi della festa. Quando mi viene voglia di un rapporto o almeno di un apporto a due, mi infilo un microchip dove so io e, tramite pulsantino da passeggio, mi procuro un megabyte che mi fa fare un salto di gioia e quasi mortale. Fine della mia vita intima.

Sono disinteressato, sono puro, sono spietato per il vostro bene, bimbe dall'utero in agguato. Se prima ero la zia delle checche, da almeno un decennio sono la matrigna buona delle donne.

Le donne danno più soddisfazione a qualsivoglia pioniere dei loro diritti, non c'è confronto con i gay, i gay sono inguaribili gigioni, guai a togliere loro la corona di spine o il filo spinato, senza finiscono col sentirsi nudi e privi di identità come gli altri uomini e ti si ritorcono contro; se non patiscono non godono e, poiché tanto non godono, non puoi privarli anche della frustrazione a vita, unico hobby che consustanzi i loro dati anagrafici nel tempo; inoltre, con le donne passano i millenni ma bisogna sempre ripartire da zero, e la carriera di un femminista è assicurata proprio dai suoi risultati nulli e comunque sempre inferiori per nullità a quelli delle donne stesse che, perfettissime come ogni gay medio, con la testa fanno di sì ma gridano di no laddove si dice siano afone per natura anche se io non ci credo.

Care orfanelle della coscienza politica ingiustamente rassegnate a fare le sistemate per bene grazie a una fede al dito e alla spirale messa nei capelli perché quella notte vi sentite più sciantosa e fertilizzabile! Venite a me e datemi credito fino in fondo, non badate allo scappellotto lieve, mirate alle sostanziali carezze che vi aspettano in premio da voi stesse grazie a me.

Voi avete innanzitutto bisogno di sentire l'imperiosa necessità ideologica di non lasciarvi scoraggiare, deprimere, sfruttare fino a fare di voi un cittadino destituito del suo alfabeto civile. Non lasciatevi incastrare solo perché scivolerete nel destino di diventare una puerpera e quindi doppiamente ricattabile. Diventare un mammifero è un optional non male e al quale io, se fossi donna, non rinuncerei per tutte le cuccagne di Bengodi – se non fossi sicura di essere un genio con le contro-ovaie ovvero ovaie *contro*.

Perché una donna deve essere un genio di forza e di intraprendenza e di pazienza e di spirito di sopportazione per vivere in una società misogina come la nostra senza aver almeno partorito un alibi che la assolva dall'abominio *di non essere servita a niente*, nemmeno a aumentare il fatturato delle aziende dei pannolini e degli omogeneizzati e della canapa indiana.

Allora, siete pronte a accordarmi un po' più di fiducia del solito, mie sempreverdi colombelle tubatrici intubate di bel nuovo, mie deliziose placente vuoi a venire (magari! alzi la mano una che è venuta negli ultimi duemila anni e gliela taglio) vuoi già sgnoccolate vuoi al Creatore?

Certo, non sono la Fata dai Capelli Turchini di Pinocchio, ma non sono neanche Pinocchio.

Non dico bugie perché con voi non posso né mi conviene. Voglio dirvi esclusivamente ciò che sapete già, e ciò che sapete già è già abbastanza rivoluzionario, solo che non sapete di saperlo e non lo sapete che voi, gli uomini no. Non vale la pena per me di aggiungere altro o di fare l'originale o il moderno o il trasgressivo: venite, andiamo insieme a fare la scoperta delle acque calde prima che vi si rompano del tutto.

Detesto le mamme originali o moderne o trasgressive: che cosa significa mai una mamma aggettivata? Come i bambini sono bambini, una mamma è una mamma. Deve solo imparare a farsi rispettare, non può fare la mamma-sotto per tutta la vita né stravolgere il suo privilegio ovarico fino a farne un boomerang. Tale privilegio va usato per l'appunto con moderazione e con esagerazione al contempo: le donne rom e del Togo farebbero bene a farsi chiudere le tube di Falloppio dopo il primo strillo di neocarne sanguinolenta, ma voi occidentali fareste meglio a farvele riaprire a tromba di scale.

Il traguardo esistenziale, e quindi politico, di una mamma è solo uno: essere amata da grandicella fino alla fine dei suoi giorni così come lei ha amato il suo piccolino sin dai primi, e prima ancora del primissimo vagito. E questo amore elargito prima addirittura della nascita del suo bebè sarà ricompensato dal ricordo che lei lascia ai suoi partoriti da morta – non nel senso che continua a partorirli anche una volta che ha tirato le cuoia, intendiamoci; lo so che ci sono mamme che guai a portargli via la loro fabbrichetta, preferirebbero essere sepolte vive e sperare nell'inseminazione per grazia di qualche aitante e gerontofilo vermicione da carcassa.

Anche la muffa sul fondo della cassa ha i suoi ganzi di periferia col pacchetto in rilievo pronti a fare un fioretto con una larva di femmina.

Come in tutti i grandi sentimenti, l'amore o la follia non è una questione di dare e avere: è una questione di parità, il che è una convenzione fra le parti. Le mamme convengono male con la controparte, ecco, e non perché sono disinteressate fino all'autoannullamento, ma perché fanno poco e male i loro conti.

La madre sbaglia a accontentarsi di essere amata (fatti e non solo parole d'amore alla mano) infinitamente di meno di quanto ama. Oltretutto il suo è spesso un peccato di superbia, proprio come i santi che mentre mostrano capacità e fermezza al dolore, alla tortura, alla rinuncia, sono invece tutti concentrati nel pregustare il supremo gagliardetto (etim. da «gagliardo», non a caso) che riserverà loro un sinodo di esperti e di artigiani della medaglietta da appuntare al petto dell'eletto, direttamente, da bravo martire, fra le nude costole.

Che le mogli abbiano conquistato la piena parità affettiva o dispregiativa coi mariti lo do per scontato, il manuale a tal riguardo l'ho già scritto lustri fa, ma ora le mamme devono mirare alla parità suprema e per esse più difficile, quella con i loro più subdoli e spietati antagonisti: i figli.

Pre-maman

Se Dio è donna,[*] io sono mamma, e niente di isterico e di doglie visionarie, intendiamoci.

Sono un utero compiutamente riuscito che ha generato umanità a tutto spiano.

Dalla mia costola, che in perfetto disaccordo con la Bibbia riconosco come *cadeau* di Eva, la più grande e grandiosa delle masochiste, sono usciti sangue di tutti i gruppi e ossa e cartilagini dentro intere, benefiche armate di placente tipografiche.

L'inchiostro non è acqua, è il liquido amniotico che ricorda la bellezza insuperabile dell'ovvietà biologica: la sacralità, l'inviolabilità, l'inalienabilità della vita umana così com'è, nella sua immiracolosa creazione o compulsione a ripetersi senza migliorarsi. Non si può mettere in discussione la

---

[*] Fu il poco longevo papa Luciani a fare questa sparata, tant'è vero che Dio, dopo svelta verifica nelle proprie Calvino Klein a peplo, lo fulminò quasi sul colpo. Mai come in questo caso si disse che Dio (Del Ciel Se Fossi Una Colomba Eccetera) sa essere anche vicario di se stesso se si tratta di trovare un sicario terra terra per chi metta in dubbio la sua virilità.

Vita nemmeno per migliorare la sua situazione: bisogna farle fede dell'esperienza che accampa.

Mentre la nostra vecchiezza di umani falliti nel progetto di diventare umani fino in fondo e la nostra vecchiaia di individui rancorosi per l'occasione mancata portano inevitabilmente solo a se stesse e a matti refrain sbandierati come chicche di saggezza, l'eterna gioventù della Vita deriva (derivava?) da una originale, sicura ingovernabilità della materia, garanzia (a prova di bomba, fino a pochi decenni fa...) di un'incommensurabile generosità di spirito per tutti e senza dogmi teologici né slogan scientifici né altre mode a contenerla e a inasprirlo, per rendere la Vita senescente e la gioventù ritrovata un prodotto per pochi da commerciare e rendere appetibile a livello di massa.

Miss Vita non ha bisogno di farsi propaganda, non può essere pelosa nella sua ospitalità e interessata a un doppio fine nelle sue elargizioni di ricchi premi in carne neonata, non è interessata nemmeno alla propria stessa sorte e perpetuazione, altrimenti non si sarebbe mai eletta né rieletta Miss Noi e nemmeno io sarei qui a raccontare la rava e la fava e nessuna di voi avrebbe mai scoperto l'esaltazione di trovare finalmente un prontuario mammellonato come questo – da leggere con una mano sola, volendo, poiché l'altra è più che sufficiente, come ci insegnano i lettori uomini, a trovare il giusto sollazzo pedagogico.

Ci sono dei punti fissi, dei paletti che fanno tutt'uno col centro della nostra terra di umani speciali, dei punti di vita e di sopravvivenza che è bene non disturbare: non c'è un modo migliore di fissarli e di orientarli. Per sua fortuna, la vita degli uomini e delle donne non dipende da loro, altrimenti nessuno sarebbe più qui a ricordare.

Più si toccano quegli in-fissi datici a nolo ma *per sempre* e meno viene ogni discorso sul futuro della vita umana. Ogni volta che l'uomo vi mette naso, assistiamo a una frana. L'intelligenza nella vita non è la vita. La vita, da gran brava ragazza, è fatta di sfumature infinitamente più ottuse e però di ben più lunga gittata dell'intelligenza umana applicata alla eugenetica.

Non c'è vita presente che non si sia già proiettata in quella che ci potrebbe essere fra tre milioni di anni, quella degli esseri umani compresi, se purtroppo a interferire con essa, e con la sopravvivenza dello stesso genere umano, non ci fosse l'essere umano con la sua dannata corsa contro il tempo per contrastare la sua specifica, individualistica, egocentrica e quanto superflua mortalità.

Uno in questo momento, forzando una scienza in un laboratorio a filo diretto con l'Ufficio brevetti, allunga di una ventina d'anni la sua propria stupida vita di *Homo sapiens* del momento e accorcia di ventimila anni quella di tutti gli altri uomini insipienti a venire: non potrebbe accontentarsi di vivere e di crepare come tutti prima di lui e di cedere cortesemente il posto? Che me ne faccio di vent'anni in più se poi è già da cinquanta che non riesco più a trovare nessuno che non mi faccia cadere le braccia dalla disperazione e dalla noia entro venti minuti? Perché dovrei gioire del fatto che mi si allunga l'età media se già a vent'anni non mi si allunga né mi si gonfia più? per andare per la milionesima volta a contemplare i laghetti fighettoni di Milano 2 o a Malpensa 2000 a guardare gli aerei che non prendono il volo? per ingozzarmi di retinolo contro i segni del tempo e andare a festeggiare il quarantaquattresimo compleanno di Krizia-giovane? Tartine, sempre la stessa sfilata di tartine del quarantaquattresimo compleanno precedente!

No, grazie, o muore Krizia-giovane o preferisco morire io.

Perché Miss Vita è la Cassandra della verità, nessuno le crede, molti Mister Vivente pensano di avere una ricetta migliore della sua e la mettono in pratica con grancassa di mezzi tecnologici avanzati e sciocchi umanisticamente interi. Sono al riparo dalla frana, questi ultimi e i loro cari e seguaci: o hanno la ricetta o hanno gratis il prodotto trascritto, o hanno i soldi o hanno lo sconto! E chi non fa parte della ghenga? Ricetta di vita migliore per chi? migliore per quanto? e con quale fiasco duraturo altri pagheranno sulla loro pelle, la loro vita, questo momentaneo *successo* di una élite?

In una società di bigotti di vario colore, pentecostali della scienza e della religione come questa, nessuno pensa mai al dopo, tutti si pavoneggiano o col presente immediato o con l'Aldilà.

Dicono di guadagnare tempo: in verità lo fanno perdere.

Il loro fine ultimo è incapsulare l'aria e brevettarla e rilasciarla solo a caro prezzo. Respirare diventerà un privilegio.

Cazzeggiano coi suddetti paletti fissati dalla Vita, li piallano, li torniscono, li abbassano, li appuntiscono, li allungano, LI VENDONO: in culo!

Chi nasce dopo di me esiste già ora quanto me: più penso alla sua incolumità e necessità, più mi tengo stretta la mia. È così difficile arrivarci?

Sì.

Io non rinnego i risultati della scienza e il conforto della religione: rinnego la scienza e la religione.

Che bisogno c'è di avere un risultato e un conforto? Non ci si poteva pensare prima e evitare di crearsi quei falsi problemi la cui unica soluzione sta in un vero risultato e nella richiesta al dettaglio e su misura di un vero miracolo? Il miracolo o c'è già e è unico per tutti o è un'ennesima, tragicomica bufala col cartellino del prezzo.

Guardatevi attorno: c'è qualcuno che possa oggi asserire che le scoperte degli ultimi cinquant'anni appartengono alla Scienza e le beatificazioni a catena degli ultimi venti alla Chiesa e non viceversa? C'è qualcuno ancora capace di non cadere nella trappola commerciale di inventarsi il male che prima dello spot per guarirne non accusava? Anche mia mamma che non è un'aquila sa che le medicine e le ostie consacrate non sono lì per guarire il corpo e lo spirito, sono lì da vendere al cliente che ci casca.

La salute la si perde del tutto votandosi all'accaparramento della medicina e del culto che la cureranno dal male che intanto hanno lo scopo di diffondere.

Sono talmente poche le novità farmaceutiche e scientifiche e culturali in genere che fanno qualcosa senza aggravare le nostre pregresse *malattie* che la medicina migliore resta non assumerne alcuna.

Non è la guarigione dalla perdita di gioventù e in definitiva dalla morte e dai loro ministri il vero male da cui guarire prima di intraprendere una qualche cura *per migliorare la vita*? Se non mettiamo in primo piano la sconfessione di ogni confessione e di ogni stregone che ci ammorbano l'esistenza, come possiamo pretendere di individuare quella cosa che ci farebbe veramente bene senza farci stare peggio?

Purtroppo, se non ci fosse uno Scrittore a ricordarlo di tanto in tanto, ogni vita sarebbe già estinta dalla faccia della Terra e quindi da quella, non meno cara agli dei e in sé via mamma e dio Mammona, di ogni Rinascente.

Follicolo del pre-maman

Sono di manica larga solo con gli aborti delle altre e guai a toccare la legge sull'aborto mutualistico, ma, se mi succedesse di andare al mulino e di infarinarmi, io non abortirei mai.

Non abortirei nemmeno se restassi incinta dopo uno stupro, anzi, pur di non abortire dopo, mi lascerei stuprare prima, perché se già sai che non farai niente in seguito è sempre meglio combinare qualcosa subito.

Sono del parere che la relazione fra lo spermatozoo e la maternità sia così remota e insulsa e irrilevante che è davvero sofistico per una donna in gamba desiderare solo il figlio dell'amore e di rigettare quello della violenza: scusate, mie gentili preziose che spaccate il pelo in quattro anche quando non c'è pelo, ma che differenza c'è? Che cosa può mai contare come e da chi vi viene in grembo un feto? E a quest'ultimo, sia come sia, che gliene frega di come ci è arrivato lì una volta arrivatoci? Che colpa ha l'uno e che merito può mai avere l'altro, a parte quello che gli ascrivono le fobie e le fole delle donne sull'amore e l'uomo ideale e la musichetta da sottofondo che ci vuole?

L'unica domanda da porsi è se una vuole un figlio o se non lo vuole, e basta, e se lo vuole in generale, lo prende quando arriva, e come arriva, arriva, non quando le fa più comodo o si sente più amata e più protetta e più rispettata: a ben guardare – e guardate bene voi che a distanza di un paio d'anni avete individuato nel Principe Azzurro che vi mise incinta l'Uomo Nero che adesso ve la fa pagare –, la maternità non può essere del tutto un progetto e men che meno un progetto a due.

Quando gli uomini saranno entrati di peso anche nella maternità delle donne, l'umanità si estinguerà.

La donna che è sola è ancora la sola madre possibile.

Questo una donna corteggiata, vezzeggiata, viziata in gioventù e in salute e in ricchezza dalla compagnia di torme di uomini e aspiranti padri galanti lo deve sapere. Avrebbe dovuto dirglielo la sua stessa mamma, che lo sa, ma tocca a me, perché ci sono donne che non avvisano mai del tutto le altre per paura che non facciano la loro stessa fine.

Io sono così felice al pensiero che ci sia un nuovo nato qualsiasi al mondo che non uso nemmeno alcun metodo contraccettivo su di me, e, come tutte, a volte produco una pepita, altre uno stronzo. Quasi mai una sinfonia, però una scoreggia sempre.

La mia mamma, quando fa vento lei, deliberatamente, o chiunque altro involontariamente (a parte me, data la scuola), per sollevare gli astanti da ogni superfluo imbarazzo dice, «Che pretendi da un buco del culo, una serenata in gondoléta?» – mia nonna Margherita era veneta –, «Sanità di corpo, sanità di spirito».

Che poi lo spirito per lei è esclusivamente e saggiamente *sense of humour*, gli umori essendo il nostro legittimo sesto senso che ci guida nella vita ricordandoci che sbandare dal preteso raziocinio degli altri cinque è tanta salute.

Mia nonna Margherita Bonora, scoreggin scoreggiando, fra una vendemmia e una mungitura e una trebbiatura, ne ha partoriti undici, otto maschi e tre femmine.

Io i miei non li ho mai contati.

Con la partenogenesi da Scrittore, ovvero con la genesi da vergine, è quasi impossibile tenere una contabilità attendibile.

Ecco perché è alquanto verosimile la tesi che Gesù, mettendosi a scudo di Maria Maddalena, difenda in verità sua mamma Maria: da notare come finisce una poveretta ingegnosa a pretendere di concepire in quel modo con la Colomba dello Spirito Santo. Aveva molte più probabilità di restare incinta con una colomba mandorlata delle Tre Marie!

Maria e Maddalena sembrano due donne distinte e separate, invece è la stessa imprenditrice che si è data una mossa fuori dall'immaginetta sacra di chi prima inventa il peccato per rendere eccitante un'esistenza di pastorizia e poi vuole proprio lei senza peccato e quindi senza clienti. Eh no, diavolo, perché proprio a me? sono anche sposata con uno che si fa un culo così con la sega, ho le carte a posto per un posto in società, non mi bastano gli altari.

Da qui la ribellione della semplice Maria e sua decisione di prendere un nome d'arte, doppio, *chic* come conveniva già allora: Maria Maddalena.

Dalla santificazione per opera di Dio al bordello degli uomini il passo è breve, per le donne.

Chi ha qualcosa da ridire, scagli la prima marchetta o levi al cielo un'altra prece: ne seguirà una gragnola, ma una volta a terra vedremo che si tratta sempre della stessa moneta battuta per le donne non dalle donne ma dai loro naturali sovrannaturali magnaccia: nonni, padri, fratelli, mariti, amanti, figli, datori del lavoro della donna di covare e di elaborare e di mettere a frutto il loro sperma, di lavare, stendere e stirare in un feto i loro soprassalti ventrali. Uomini, va', di entrambe le sponde fra soglia dell'angelo del focolare e il marciapiede del demone del sesso: la santa dei primi è la puttana dei secondi e viceversa, lei è solo un mezzo e sta di mezzo, è presa in mezzo, costretta all'immobilità dal doppio fuoco di focalizzazione delle due opposte, speculari sponde maschili che la tengono al guinzaglio vuoi a fare cuccia vuoi a mostrare i denti ma sempre a spostare un peso non suo.

Anche oggi, l'unica prospettiva di una donna non avveduta non è guardare ma essere guardata: l'immagine dello sguardo che lei presta di dietro combacia con l'immagine dello sguardo che presta davanti.

Schiacciata com'è fra le due metà dello stesso sguardo, che non è mai il suo, ella non è mai del tutto consapevole che prima di essere ciò che pensa di essere, una persona con la sua intimità, è una donna-sandwich. Tramezzino da mangiare o da vomitare, non ha altra alternativa che essere fresco o essere stantio.

Lo sguardo degli uomini su una donna risiede nei canini.

Ne consegue che quando una donna parla a un uomo e tenta di spiegarsi, lui la ascolta col naso.

La vita delle donne e dello Scrittore, maternità a parte, non riguarda mai loro.

Togli alle donne la maternità e falla regolamentare a un parlamento di uomini e nel giro di poche rivoluzioni solari quelle poverette scampate alla legge del mercato verrebbero triturate e usate come fertilizzante per il finocchio transgenico. E, per l'appunto, tutti continuerebbero a andare a donne e nessuno noterebbe un cambiamento, cioè che non ci sono più.

È successo di fare la stessa fine anche a decine di varietà di mele, scomparse dalle cassette dei fruttivendoli perché poco richieste dal grande consumo e quindi poco remunerative al dettaglio.

Eppure tutti continuano a mangiare mele.

Almeno lo credono.

Sono tutte patate travestite da mele, dall'unica mela rimasta perché confacente al mercato, è lo stesso gusto di patata sotto ogni varietà ormai solo di buccia.

Nessuno si è accorto di niente.

Nessuno soffre di nessuna mancanza.

L'assenza è l'essenza di questo mondo.

La donna *è* la sua sostituzione.

Occhio, donne! Occhio, naso, udito, olfatto, tatto alla grande, e quel qualcosa di più che li colleghi fra di loro: una testa avvitata sul proprio collo.

Una propria, insindacabile parola netta come un colpo di mannaia. Paura della donna per paura dell'uomo, visti i risultati cui siete pervenute, tanto vale che come i vostri referenti facciate paura fino in fondo diventando voi le referenti di voi stesse.

Vi è mai stato regalato qualcosa dagli uomini a parte un anellino di compravendita che vi trovate all'anulare solo perché, ancora un paio di chilometri più in là, e ve lo ritrovavate infilato al naso? Che cazzo state lì ancora a farvi illusioni? Prendetevi l'intera gioielleria e chi s'è visto s'è visto, no?

Come mia madre capirete almeno che la collana del battesimo e gli orecchini della cresima e la fede del matrimonio si mettono solo per fare bella figura da morta.

Post-maman

Oho, ci siamo, uome, donni!

Finalmente il coso serpentino del maschio s'è attaccato al coso ovoidale della femmina e la cosa è accaduta nella femmina, nella donna, nella mamma secondo la tradizione ma anche nel maschio, nell'uomo, nel papà secondo la moderna biogenetica, contrariamente al superato pregiudizio ancestrale, infine, secondo il quale solo la passera produceva e altre passere e anche tutti gli uccelli al mondo.

Oggi, o ben presto, mamma lo potranno essere tutti, e gli uomini la finiranno di sentirsi delle donne mancate e di vendicarsi per tutta la vita contro le donne-donne che a un tale traguardo sono state fatte giungere sin dalla partenza.

Non solo rimarranno incinte e daranno alla luce qualcosina le donne sterili (o, più postmodernamente, infertili) che pur di avere un figlio se lo farebbero trapiantare dentro già di nove mesi facendo così felici i mariti che non vogliono sbobba d'altri – e, quanto a adozioni a distanza, adottano solo le proprie misure di sicurezza –, resteranno incinti anche gli uomini curiosi, scettici, disattenti a dove appoggiano le ascelle o il sedere se ricoverati per una cisti in una di quelle cliniche moderne dove la linea di demarcazione fra l'inseminazione naturale e la maternità artificiale è sempre più labile, e con una bella cisti già pronta e una sdormia* si può fare tutto su tutti.

La mammità è a portata di tutte le tasche e di tutti i sessi, tanto, una volta partorita la creatura, ormai chi la caga più in prima persona? Le donne partoriscono, gli uomini assistono al parto per sentire il nascituro più loro e, passata la quarantena, almeno per lei, eccoli lì già a trovare il senso pieno della vita nei privé con le ballerine di flamenco dell'Est. E guai se i bambini rientrano dalla birreria con karaoke e lap-dance di travestiti prima dell'una, visto che i privé per cuori solitari a due aprono a mezzanotte e comunque prima della mezza non c'è giro e prima dell'una e mezzo lui è ancora restio a vedere gente, a fare cose, soprattutto con gli uomini delle altre che non aspettano altro.

Basterebbe partecipare a un consiglio di classe

---

*Termine coniato per gli umili che non riuscivano a pronunciare la parola «anestesia» o «ipnosi»; somministrata di solito con una fondina in ferro di minestrina chiara o con una pacca, entrambe sulla tempia qualora la minestrina chiara non era bastata, all'unisono sui padiglioni uditivi solo nei casi più resistenti; da qui le frequenti ecchimosi a livello cerebrale e le visioni sacre delle nostre pie popolazioni rurali e montane che da inurbate continuano a perdere dalle orecchie l'unica materia grigia a disposizione: la minestrina chiara.

di scuole elementari per rendersi conto di quanti bambini al di sotto degli undici – almeno il cinquanta per cento – non dormano la notte perché sono soli in casa in attesa che ritorni almeno un genitore, a sorte, e hanno paura; per rendersi conto che viene negata loro l'elementare assistenza dell'igiene e dell'alimentazione, carichi come sono di deodoranti sul sudore del giorno prima e di brioche e tranci di pizza industriali; per rendersi conto che nessuno chiede loro conto dei tempi fuori controllo genitoriale. Non hanno mai avuto un padre, adesso hanno perso anche la mamma. Impossibilitati a avere una famiglia, sono già integrati in un branco – di maschi più vecchi, più imbranati, più disadattati, più incattiviti di loro.

Gli uomini, che hanno sempre fallito nel capire che la paternità è un diritto e un privilegio e un piacere e non una rottura di zebedei, ripiegheranno anch'essi nella maternità per sputtanarla e svilirla del tutto e così le donne si sentiranno assolte se alle cure dell'infante preferiranno la cura della cellulite e stop. E finalmente anche le mamme aggiornate (dalla Hélène Curtis all'almanacco di Frate Indovino ove si attestano le proprietà salvifico-urologiche delle Scarpine della Madonna) avranno raggiunto la parità mondana, cioè la storica insulsaggine dei papà, sempre assenti, sempre fuori, sempre a darsi da fare per un mondo migliore, mai dentro per una vita famigliare meno di merda.

Non potendo però ancora gli uomini allattare, malgrado provino già l'ebbrezza della mastite grazie agli integratori di sali minerali (li chiamano così), le donne smetteranno del tutto, e le mammelle si atrofizzeranno fino a scomparire dal prêt-à-porter del made in Italy.

Calcolo che entro il 2030 le donne avranno il torace completamente piatto, i bicipiti e il trapezio di un Rottweiler sottoposti alla depilazione totale (perché non poco è stato il pelo sullo stomaco per arrivare a tanto), capelli a spazzola (per le più romantiche e intestardite) e solo le più inguaribilmente femminili porteranno un distintivo, mettiamo un piratesco moncherino con uncino tatuato sulla fronte, per dire, all'aggancio, «Ehi, tu, brutto figo, come ti permetti di farmi il filo o di non farmelo? Sono una donna, io!».

Fra meno di cinquant'anni ci saranno solo androidi confondibili gli uni con le altre, e molte saranno le commedie degli equivoci alla Feydeau nell'albergo del libero scambio formato *Blade Runner*. Dopo una corte serrata durata magari mesi, con scambio di bigliettini profumati al fungo allucinogeno e invio di campestri fiorellini di polistirolo, al momento del coito e del disvelamento del genere, me lo immagino io il dialogo fra Paolo e Francesca e galeotto fu quell'ormone 2000: «Ma come, hai il buco davanti anche tu?» o «Ah, e io che pensavo che proprio non eri il tipo da avere ancora il retaggio!», il membro maschile avendo assunto il suo vero nome originario, retaggio, che rende impossibile e inane ogni ricerca etimologica, e la coppia improvvisamente sdoppiata dalla diversità o dall'uguaglianza o da tutte e due opterà per un Tresette col Sesso Morto, chi perde si sorbisce l'altro così com'è e chi vince non fa l'attivo, non fa il passivo, non fa.

Ci si adatterà, vuoi all'omosessualità, vuoi all'eterosessualità (termini già incancreniti ora che esisteranno ancora: l'obbrobrio è duro a morire), vuoi, proprio come adesso, alla sublimazione di un istinto che tanto non c'è e non solo non si fa fatica a sublimare, ma ti garantisce anche la tua bella porca figura di umanoide in calore.

Proprio come adesso, si sarà superiori a certe cose, tipo il sesso: si continuerà a essere inferiori a tutte le altre.

Follicolo del post-maman

Io presto un ovulo a te, tu presti uno spermatozoo a me, anzi, presto faremo tutto un fai-da-te.

Perché mai, infine, un bel paio di coglioni (al momento maschili) non potrebbero albergare una mezza dozzina di ovetti di quelli giusti e perché mai una vagina, filamentosa come mi si dice sia, non potrebbe, con pochissimo sforzo, prodursi da sé quei milioni di girini in salamoia volatile che sono indispensabili alla procreazione anche delle comuni rane? Duttile, inventiva e capace di tutto com'è (tanto che, e l'ho visto coi miei propri occhi, persino Moira Orfei ne usa una per il suo numero con gli elefanti)! E potrebbe, la vagina, fare il fa-da-sé scegliendosi pure gli orari e il clima e i coordinati per il bricolage col proprio alambicco, e ottemperando così a quelle ragioni delle donne che hanno tutto un loro mondo da svelare prima di scaldarsi un po' e di concedersi poi fino alla nausea.

Inoltre, se una donna inventasse su di sé il membro virile che finora s'è limitata a prestare all'uomo, inventandoglielo di sana pianta, non copulerebbe anche oltre la nausea senza mai venirsi a noia?

Ebbene, fatto ciò, l'autoovulo per Lui e l'autospermatozoo per Lei, il passo ulteriore sarà la clonazione direttamente in casa, ognuno avrà il suo bel frizerino di organi di ricambio nel tinello in caso di bisogno o addirittura, frignante e legato al seggiolone, il suo bel alter ego in cattività. Sia da usare con moderazione per un ricambio estivo di epidermide e quindi per appianare le rughe, sia perché anche i più narcisi e anaffettivi, cioè la collettività, provino degli affetti per *qualcun altro*: il loro doppione.

La prospettiva, che oggi ci sembra atroce, non è più una prospettiva, ecco perché non ci interessa più: che se ne sia consapevoli o no, ce la siamo lasciata alle spalle, e io non ho fatto fin qui che parlare non del presente né del futuro, ma del passato prossimo, s'era capito, no?

Con un paesaggio simile, in cui tutti sono mamme e tutte sono papà e nessuno è più niente per nessuno, men che meno per se stesso, a che vale parlare di sentimento materno quale precipitato della natura femminile o coazione dell'imperialismo maschilista che dir si voglia?

Perciò io parlo di ciò che è stato e di ciò che non sarà più se non sarà più quello che è sempre stato.

Perché c'è un solo modo per essere mammifero accogliente e, al momento giusto, respingente fuori dal marsupio: esserlo.

La mamma è sempre la mamma, se no sarebbe un taglialegna amazzonico al soldo della McDonald's.

Uranico-maman

Poi ci sarebbe la Madonna, ma di scribacchini mariani ne abbiamo già a ufo, sono tutti discepoli dell'evangelica scienza della comunicazione vatikana e se io avessi avuto un solo Giuda esattore dell'otto per mille e la metà degli apostolici pierre del più famoso Nunziato Salvatore non di origine napoletana, sarei già la combinazione esatta e maravigliosa fra Karol Wojtyla, Rita Levi Montalcini e Garinei & Giovannini.

Come tutti i sapienti scribacchini mariani – anche il laghetto di Garda, in questo senso, ha generato il suo benedetto mastro campanaro di Loch Ness –, farei un sacco di soldi attingendo al discount del sacro ma anche un cicinin profano, loro, che vanno in televisione a parlare di gambe mozzate rispuntate ai soliti portoghesi che non pagano mai l'estetista e che però vedono comparirgli, piangente vin santo, la statuina giusta ammantata di stelle proprio su terreni che altrimenti rimarrebbero deserti e inedificabili chissà per quanti altri secoli d.C., una manna del cielo!

E mai che 'sti teologi della madonna si dimentichino di dare i numeri del lotto, innanzitutto catastale.

Lasciamo stare che la Madonna oggi potrebbe essere vista come l'antesignana delle capitane d'industria che si dicono voglio un figlio ma non voglio un uomo, con tutti 'sti sindacati non ancora completamente piegati, consigli di amministrazione, flessione dell'euro, non posso permettermi un doppio intero calvario. Io parto dal presupposto che Maria di Nazareth, con la sua immacolata concezione era ben più del contenitore di Gesù Cristo figlio di Dio: era la madre qualsiasi di uno qualsiasi fatto con uno qualsiasi, e una qualsiasi che ci sta e uno qualsiasi che non indietreggia malgrado non sia il marito sono infinitamente più sublimi e divini di ogni Inseminatore Celeste.

Voglio aggiungere che lei, la santarellina infilzata, la sapeva molto, molto più lunga di un falegname. E, comunque, già da qui un consiglio alle più scapestrate: se proprio avete la debolezza di dare delle giustificazioni, prendete esempio da lei e procedete solamente alla grande, lasciate stare il filippino in prova, l'idraulico albanese o uno dei Californian Dream.

Giuseppe: «Cara, mio non è, di chi è figlio dunque?».

Maria: «È Figlio di Dio».

Giuseppe: «Aha» –, sviene, schianta sulla sega, picchia la testa, quando rinviene intravede anche lui il disegno imperscrutabile del Signore e, impetrato, impetra la grazia: ne vuole subito un altro di quel genere lì, chissà i vicini cosa non darebbero per copiarli!

Insomma, il Giuseppone non se ne sta lì impalato fra l'incudine e il martello: fa due calcoli veloci e capisce che gli conviene.

Lei poi sarà anche una semplice e pudibonda villanella, ma sembra uscita da una scuola di recitazione di Beverly Hills tenuta da quell'altra Madonna, la Maria Ciccone, dài, è pronta per cantare e ballare in *West Nazareth Story*.

Voi, care aspiranti mammifere in foia che aspirate alla perfezione, potreste ricorrere a un'improvvisa catalessi con autoipnosi prodotta dal servizio di «Quark», *Incinta si nasce o si diventa?*, che da solo giustifica la sonnolenza con inconscio autoerotismo per uscire dal coma. Altrimenti potreste ricorrere all'ufologia e dire che stavate semplicemente facendo la coda a Brera, insieme a un pool di giudici milanesi nostalgici della loro pelliccetta, per vedere *La dama con l'ermellino* di Leonardo. Non specificate mai, sciocchine, che tipo di coda facevate e soprattutto di chi: tutti sono più propensi a credere ai marziani che ai giudici di Mani Pulite, non c'è bisogno di insistere. Vi tradireste. E vi converrebbe, se vostro marito, invece di essere in cassazione, è in cassa integrazione.

Chissà, magari proprio il pubblico ministero che vi ha fatto il servizio d'accademia potrebbe essere lo stesso che vi garantisce il diritto all'assegno di riconosciuta per quanto extraconiugale paternità.

Non siate però tanto volgari da abbassarvi per così poco, anche perché poi tanto poco non dovrebbe essere: dovreste beccarvi sui due chili e mezzo al mese di alimenti, calcolando lo stipendio medio del cauto incauto togato (fare una cosa così in pieno centro facendo la coda in mezzo a un'orda di organi – istituzionali – amanti dell'arte! E gli altri dove avevano gli occhi? «Sul Leonardo» è la sola risposta concessavi, perché poi a dare un dito si sa, vi si prende il braccio, e se cominciate con un'oncia vi si taccerà di orgia, che baldracca!).

Se invece vostro marito guadagna ben di più di un giudice e volete fare le eleganti a tutti i costi, fate come gli uomini: mentire spudoratamente, mentire sempre, scioltamente, e con modi tanto pacati quanto bruschi.

In una società dove le parole non contano niente perché ai fatti si è sostituita la loro interpretazione – e quindi giù una fiumana di abracadabra inutili che si divorano l'un l'altro – e dove la parola non la dà più nessuno perché non saprebbe nemmeno più come si fa a far girare la lingua in bocca, vi si prenderà alla lettera. Nessuno penserà che il pallone che avete sulla pancia è dovuto invece al postino, visto che ormai la posta è elettronica.

Epperò la disoccupazione è tanta e, se ancora si fa dell'assistenzialismo agli zolfatari della Sicilia dell'Ottocento, figuriamoci se a maggior ragione non lo si fa a un sacco di disperati meridionali laureati del Nordest. Essi, borsone a tracolla, girano per le case a chiedere alle donne se per caso non hanno una nostalgia dei bei tempi che furono, per esempio di una cartolina vera su comanda, di un *retaggio* alla svelta, per l'appunto.

E le sventurate risposero «Sììì!!!».

E si trovarono bene.

Tirata per i capelli, dici? Provaci tu, smorfiosa, a fartela tirare per davvero una buona volta come so fare io.

Del resto, la verità è presto detta: sarà anche vero che tira più un pelo di figa che un paio di buoi, ma la vita e le decisioni degli uomini dipendono dalle donne infinitamente di meno di quanto quelle delle donne non dipendano da quelle degli uomini. La vita delle donne è tuttora appesa a un pelo del membro virile, possono anche farsene un toupet nell'arco di una vita e sfoggiarlo nei momenti cruciali, tipo con le amiche, ma un cazzo resterà sempre appeso solo a se stesso. E tu, donna, sempre lì a fare la Tarzan dei sentimenti da una all'altra delle sue liane sicura di essere corpo e anima del tronco, mentre il tronco prova tutt'al più solletico e intanto corrode la liana.

C'è chi pende e mai non vien giù, ma c'è chi dipende e subisce una spaccata via l'altra e dall'alto e in basso contemporaneamente.

Certe sculate, ohi che male, donne, tanto che io piuttosto cambierei mezzo di trasporto (anche ghiandolare) e ritornerei ai trampoli da palafitta se proprio voglio farmi vento fra le gambe e ridarle la sua plissettatura naturale grazie all'elettrosmog.

Ah, le vane grinze dell'amore sentimentale! Io

credo che l'amore non si debba cercare, l'amore ti capita incontro e addosso; l'amore non si cerca, l'amore si trova; puoi cercare di appianare la vita di tutti i giorni con il compromesso, l'oculatezza, la pazienza, il timore, il coraggio e persino la viltà e il rischio perché tutto ciò dipende da te, ma non puoi esaltarla, perché questo dipende da un altro. C'è gente che mette ogni energia nell'andare alla ricerca d'amore e, una volta trovatolo, è così esausta dal girovagare forsennato di prima che non fa più niente dopo. Io invece per l'amore non faccio niente prima, mi riservo di dare la carica a partire dal primo istante che qualcuno è d'accordo nell'accettarlo e nel restituirmelo. Forzare l'amore è come voler forzare una porta blindata a spallate: o la trovi aperta o finisci al pronto soccorso.

Posso dire per esperienza che chi cerca l'amore trova sempre un rovo di spine senza more – sarà amore anche quello, non lo metto in dubbio, ma che palle dover sempre trovare il gusto delle more nelle spine!

Per una volta vorrei tanto sentire il gusto dell'amore nell'amore!

Questo tanto per dire che cosa ne penso della cosiddetta seduzione a tavolino, perché la seduzione è *sempre* a tavolino.

Non si cerca l'amore, si cerca di mantenerlo.

Poi c'è la paura di restare da soli, che è il sentimento più capace per restarci senza mai più uscirne, senza mai farci entrare qualcuno.

«Napoli. Requiem per Maria madre di Dio»

(Titolo a grandi caratteri sulla prima pagina dell'«Avvenire» e su quella degli spettacoli, sempre un po' pirotecnici, dell'«Osservatore Romano»: è un sogno che ho continuato a occhiello aperto):

«Statua difettosa: gravi ustioni al rione Sanità per un miraggio. Invece di versare lacrime dagli occhi, sparava botti dal buco del culo. Di sangue vero, però.»

Il sogno ha uno spiacevole rovescio di visione: raddoppiano le fedeli e scompaiono le emorroidi.

Il Santo Padre già in trattativa con la Bayer farmaceutica. Media il cardinale Giordano. Dimostrazioni dal vivo a Zurigo e in loco. Con la fede e i parenti giusti si riesce a far rientrare nell'ano della sofferente universale il peto sanguinolento appena espulso dalla statua partenopea. Basta una goccia e una leggera pressione del polpastrello del sagrestano e l'emorroide, ma anche la ragade della fedele, ascende, ascende e oplà, è assurta in cielo.

Miracolo!

Ottimo anche per i polipi della laringe.

Valeva la pena di togliere dalle pareti del sindaco, dalle aule giudiziarie e scolastiche, dalle librerie in bella vista dei politici e dalle testate dei letti le anticaglie di un tempo per sostituirle con anticaglie nuove, fintamente laiche e molto più *sacre* di quelle altre, tipo Internet e la *new economy*?

Tirando le Somme mam-marie
per la gonna

a)
Per concludere e dare inizio: una donna che crede alla Madonna è una credente che rinnega se stessa, una specie di lesbica che si aggrega al Movimento Le Terga di Abele,* una contraddizione in termini, la peggiore nemica di se stessa e quindi dell'umanità – le atrocità che si commettono sulle persone in nome di una perversione del gusto che sente solo l'incenso sono notorie.

Il mito della Madonna consegna la donna o alla castità e conseguente rinnegamento della sua sessualità o alla puttanaggine, che è l'altra faccia della medaglia della santità e dell'innocenza che deve espiare i peccati altrui senza mai commetterne uno suo e addossandoseli però tutti quanti.

Vorrei che duemila anni di Madonna venissero sostituiti dal primo, questo anno di inizio millen-

---

* Un gay che va a messa corrisponde a un ebreo che tiene sul comodino la fotina di Hitler e a una negra che per cappellino indossa solo il cappuccio del Ku Klux Klan.

nio, votato soltanto alla donna, eterna perdente, che in questa valle di lacrime – non da lei procurate – riesce a galleggiare solo se fa il morto.

Vorrei per le donne lo stile libero con nozioni di salvataggio che nessuno può permettersi di dar loro: perché sono loro a averle imparate sin dalla notte dei tempi portando a riva qualcun altro in grembo, anche a costo di rimetterci la pelle o, oggigiorno, il coordinato con corredino e carillon.

Solo se perde i vantaggi dell'essere femmina, ella può buttare a mare gli svantaggi dell'essere donna.

b)

Dall'altra parte del mariano specchio materno c'è la madre deformata e rinnegata alla Medea, tragico ma minimalista esempio insuperato che, per un cornetto neppure ripieno del marito, scanna i figli e sparge il fuoco sulla culla e sulla città. Come se, aruspice sagace, sapesse che, tanto, diventeranno dei bastardi come loro padre e dove una volta era tutta acropoli sorgeranno le sale videogiochi della Te Deum srl.

Ora, mia madre, di fronte a certi episodi della RAIV[*] di «Chi l'ha vista, la snaturata?», ha sempre detto una e sola cosa:

«Bisogna proprio essere matte per abbandonare un figlio. Io avrei abbandonato non un uomo, ma mille, e non ne avrei voluto mai più un altro, ma io

---

[*] Radio Televisione Italiana Vaticana.

voi non vi ho mai trascurati, e che mi importa di un uomo fedele o no se già ho un figlio? Dove ci sono i miei figli, voglio esserci anch'io» – il che, alla lunga, è diventata la mia tragedia personale.

Le donne, neo o future madri, uomini esclusi, si spera, non sanno più che farsene di questi esempi efferati e troppo spesso invidiati di maternità della Madonna o alla Medea, e l'unico mito in cui credono è pari ore pari salario e fare due salti quando capita fra una poppata e l'altra. Perché io, ripeto, essendo mamma a tutta pagina, tuttora non capisco che cazzo cerchi una donna che abbia già dei figli a carico e perché mai debba andare in cerca di altri guai.

Si tiene ben stretti quelli che ha e li battezza pure se è tradizionalista: almeno li circoscrive una volta per tutte.

Una mamma, per quanto disgraziata in tutto il resto, gode della onnipotente, inarrivabile disgrazia di conoscere per tutta la vita un sentimento totale, esclusivo, incrollabile per qualcuno, suo figlio, e spesso tanto più ricambiato quanto più conflittuale e contrastato – da altre donne, nella cui vagina il beniamino ci entra soltanto: almeno fosse una volta per tutte come quando era riuscito a uscirne!

Questo sentimento di possesso, in cui la persona amata addirittura assurge a cosa immortale senza più alcuna necessità di rispondere né a leggi né a dettami né a canoni né a moralità né a buonafede né a lineamenti suoi, resta sconosciuto agli uomini, sempre così raffinati concorrenti anche dei figli, tanto che, talvolta, arrivano al punto di bestialità di ammettere: «Se mio figlio ne ha stuprate due è perché non ne aveva tre e quindi la terza non ha alcun diritto di sporgere denuncia, e comunque se lui fosse colpevole dello strangolamento della prima è giusto che paghi e per un anno non avrà la sua sciarpa scozzese e il chupachupa, ma siccome la seconda è solo in coma, il ferrarino no, sarebbe ingiusto toglierglielo».

Una mamma non ragionerebbe mai così, ma peggio: le stuprate diventano immediatamente delle stupratrici che vanno in giro con la minigonna e prima saltano addosso ai loro pargoli e poi in tribunale fanno tanto le femministe, le difficili.

Io parlo di queste mamme qua all'antica, della mamma Giunone, Ecuba, Cordelia, Coraggio, della mia, assoluta, non relativa, non della mamma anticata part time e amica del figlio, io le amiche me le trovo fuori casa, parlo di quella madre totalizzante e schiavizzante, la cannibale coi fiocchi che sarei io se riuscissi a diventare il gallo ovaiolo dei miei sogni, e mi rivolgo a quelle come loro, le lupe mammare del focolare, nella speranza che, nel male e nel peggio, non se ne perda il seme.

Sempre che siano loro a produrselo e a confezionarselo.

Perché oramai si delega tutto a cani e porci – la ricca ci mette l'ovulo/la povera ci mette l'utero – l'importante è essere in forma per l'intervista del Tg Notte, e inoltre c'è ben da grattarsi la testa a questa constatazione: una sta con un marito sessista dieci anni e resta sterile, fugge con una lesbica conformista che dice che il sesso non è tutto nella vita e dopo un mese esatto la sposotta è già pregna.

Cazzo, ma come fanno? Possono svelarmi il mistero? Mettono il Girmi sulla punta della lingua e ci danno dentro una grattatina di bottarga di orca marina e via?

Il mistero è presto detto, anzi, ridetto: non c'è.

Credevo, io...

Pregiudizi.

Non bisogna dare risposta a quanto non merita la formulazione di una domanda.

Solo gli stupidi domandano se è nato prima l'uovo o la gallina, e c'è sempre uno più cretino di loro che gli risponde, magari con una terza certezza e citando Kant o il Pollo Arena.

L'ansia dell'origine e di affibbiare un'origine a chi ne ha almeno due ubique e contemporaneamente è del tutto cattolica, manichea e tristanzuola. Questa sindrome dei Grandi Perché dell'esistenza nasconde di solito la preoccupazione di non essere all'Altezza. Come quando l'ennesimo padre della Chiesa fa chiedere per interposta persona a uno del Tg1, «Omosessuali si nasce o si diventa?» e qualcuno c'è sempre che ha l'ultimissima risposta del laboratorio all'ultimo grido («Infame!»).

Ora, io a una baggianata simile risponderei al massimo: e chi se ne frega, fatti i cazzi tuoi, ce n'è abbastanza per tutti, no, ingordo! Oppure che solo un cretino può fare una domanda così cretina e solo uno ancora più cretino può rispondere in un verso o nell'altro, visto che qualsiasi risposta è già formulata nella domanda, con la differenza che una domanda cretina come questa, a differenza di ogni altra che presuppone un'alternativa, contiene solo la stessa trappola per entrambe le opzioni, cioè i pregiudizi del cretino.* Prima si butta a mare la sessuologia cristiana nonché laica buddista fondamentalista psicanalitica buonista geoviana astensionista mormonica luddista edonista clintoniana e prima si tirano i remi in barca del buon senso e prima si approda da qualche parte.

Se è pur vero che la sessualità umana, come tutte le cose dei costumi, non è unica per tutte le latitudini, non sarà certo la religione o la politica a doverla variegare in futuro.

Certo, se non se ne potrà proprio fare a meno, sempre meglio un peccato capitale che il Capitale, perché la religione e la politica lasciano, seppur involontariamente, qualche spiraglio di fuga, l'Economia no.

Bisogna ricominciare tutto daccapo per avvelenarsi la vita come conviene. A sbagliare tutto così alla vecchia maniera non c'è più gusto. Vogliamo una nuova malafede.

L'Occidente è abbastanza evoluto per accorgersi

---

* Etimologia di «cretino»: dal francese *crétin*, «cristiano», nel senso di povero cristo, povero diavolo, il pover'uomo sballottato fra salvezza e dannazione, unico giro dell'oca del suo comprendonio.

che è regredito a livelli zero della voglia di fare all'amore, fosse pure di lato, non dico a sinistra a destra o al centro, e quindi di fare figli fosse pure per svista.

La perfetta Mamma è anzitutto una scopereccia fanciulla che non deve prima abortire se stessa per darsi in concessione alle noie del sesso degli altri. La donna che allarga le cosce con noia procrea con tedio degli stravaccati uggiosi sin dal primo, recriminante vagito.

E noi tutti vogliamo neoumani e umane svegli e pimpanti e già sul filo della creatività, non meri articoli di produzione all'ingrosso per la grande distribuzione alle curve sud.

E allora sotto con le mamme!

La iperprotettiva indefessa

È semplicemente intollerabile, e suicida a lungo termine e in tutti i campi dell'umano, non soltanto nel proprio stretto ambito famigliare, che una madre, solo perché ha avuto un utero fecondato, una volta concreato e espulso l'inquilino debba amarlo immensamente a vuoto senza esserne parimenti ricambiata non solo a ragione ma *con ragione*.

La madre, accontentandosi di un amore feticcio, trasforma in feticcio il proprio amore, e fra due feticci non c'è amore, c'è solo la devastante comodità di ignorare tutto l'una dell'altro, il che come parità non è un granché – e ecco un'infinità di mamme, neppure orbate dei frutti del ventre loro gesù e quindi senza scuse per lamentarsi delle minestrine d'orzo, che finiscono i loro giorni all'ospizio a cullare un bambolotto a sessantacinque: i figli le amano, per l'appunto, sempre come prima.

Una madre fa tutto per il figlio, ma non deve fare anche il figlio e la parte del figlio; deve capire in tempo che il figlio è un'entità fuori di sé e diversa da come si immagina sia senza quasi mai esserlo. Il figlio a immagine e somiglianza della madre è il più inattendibile e inatterrabile degli dei impropri.

Il figlio è cresciuto fuori di lei, è ormai lontano da lei, fa cose che lei non vede né può immaginare, frequenta gente che lei non conosce né conoscerà mai, prende strade e viottoli e scorciatoie, ma a lei dirà sempre di essere arrivato in metrò, mai a calci in culo che ben gli sta; lei ne vede, con l'andar del tempo, sempre e più, soltanto una parte, quella più statica o quella del passato, quella che lui recita accanto a lei, e lei la scambia per la personalità profonda, il comportamento cromosomico del figlio anche con gli altri fuori di casa.

Tutte le mamme dei mostri dicono che la gente si sta sbagliando di mostro, cioè di madre che l'ha generato: non c'è mostro che non sia un bravo ragazzo con qualcuno, di solito con la sua mamma.

«Mio figlio queste cose non le fa», «Non è da lui», «Lui non c'entra niente con l'assassinio del piccolo, lo stupro di gruppo della bambina, il massacro in banca, non farebbe male a una mosca e mi sparecchia la tavola e mi zucchera anche il caffè con la grappa», «Hanno preso il pesce piccolo per coprire le spalle a qualcuno di grande», «Mio figlio è uno stinco di santo»: sono le frasi che più si sentono ripetere da mamme alle quali si chiede un parere sui loro sanguinari figli finiti in galera, oltre a quella classica citazione che taglia la testa al toro (magari!), l'alibi inoppugnabile, «A quell'ora stava guardando la televisione con me».

Non stanno mentendo, queste madri efferatamente garantiste e spudoratamente spergiure, stanno dicendo l'unica verità cui siano mai pervenute riguardo al figlio: la loro; e la vogliono imporre sulla menzogna della verità incontrovertibile e giudiziaria che li inchioda alle sbarre.

Ecco, è questo tipo di mamme a finire per primo all'ospizio a sessantacinque, e ben gli sta. La mia – che se fossi mai stato colpevole di qualcosa non solo avrebbe messo i carabinieri sulle mie tracce ma mi avrebbe dato contro fino a che non fossi finito in prigione – a ottantasei anni sta con me, vicino a me, che presiedo al tributo regolare di affetto che una regina deve ricevere quotidianamente perché se lo merita e comunque lei ci tiene, io che telefono a questa o a quella nipote per protestare perché è scaduto il tempo entro il quale deve farle visita e dirle parole d'amore, dormire con lei, mangiare il caffellatte mattutino con lei, fare le spese con lei che la discendente ne abbia voglia o no, amata da me e dagli altri suoi figli e dai loro figli, e finirà che all'ospizio o al manicomio ci finisco io.

Mia madre resterà con me, coccolata e viziatissima, accarezzata e abbracciata e sbaciucchiata due volte al giorno secondo la medievale prassi contadina che il piacere e il dovere sono una cosa sola, vivesse pure duecento anni come minaccia di fare.

Io non sono un mammone e lei non è una figliona, siamo due persone che si sono guardate dritte negli occhi ogni volta che occorreva. Tenerla con me, seppure solo vicino a me per sua scelta perché è lei che non vuole abitare con me, non è questione di potermelo permettere o no: da un punto di vista economico e abitativo, me lo permetto perché c'ho pensato prima. Invece di spendere e spandere in partite di calcio e Enalotto o Coca con Rum Avana n. 5 ho pensato in tempo, si fa per dire, a aggiungere nei miei risparmi e ai miei sacrifici precauzionali una stanza per lei; da un punto di vista affettivo, però, ha pensato in tempo lei a se stessa, a portarmi verso questa fine naturale che la inglobasse nella mia vita di adulto quando lei sarebbe stata vecchia e *inservibile* (non lo è tuttora, neppure da un punto di vista utilitaristico, anzi: c'è qualcuno che possa darle una calmata così tiro il fiato anch'io? ha solo due mani e mi sembra di avere in casa il filatoio e tutti i prodotti finiti delle irriducibili merlettaie di Burano).

L'ho vista da bambino accudire e servire mio nonno paterno completamente rincoglionito e imbestialito, che pure da giovane l'aveva umiliata e sfruttata perché non si era piegata alle sue voglie quando mio padre era in trincea, l'ho vista smerdare e lavare qualcuno che ti ha fatto paura, che hai verosimilmente odiato e che ti ha fatto patire le pene del ricatto, be', farlo «perché si è cristiani e si deve» non deve essere stato facile. Come avrei mai potuto io, o chiunque dei miei fratelli, abbandonare in vecchiaia una persona, non dico tanto una madre, ma una persona, una donna, una cittadina simile?

Lei ha pensato in tempo a marchiarci bene in testa: questo vecchio odioso, che mi insulta perché invece di buttarlo giù dalle scale lo imbocco, sono io, posso essere io in prospettiva per voi. Che mi amiate o anche che non mi amiate, questo mi aspetto da voi quando sarà il mio momento di non poter più badare a me stessa, e niente di meno, o sarete maledetti in eterno, io però farò anche tutto il possibile per farmi voler bene intanto che sono presente, così vi renderò il compito più facile, se vi toccherà com'è toccato a me smerdare quella vecchia carogna marcia di Angelotto Busi.

Io non so se questo esempio terribile sarebbe stato valido anche con i miei fratelli riguardo alla sua vecchiaia e cura di lei, le circostanze non li hanno messi alla prova, di certo uno di loro non si è mai posto il problema e siamo già tutti contenti che lui riesca finalmente a badare almeno a sé, con l'altro avrebbe fatto di sicuro solo la serva di prima e sarebbe stata profondamente infelice, con la sorella non so, essendoci io il problema non si è mai posto.

Di sicuro, su uno dei quattro figli quell'esempio di dedizione all'altro addirittura *contro di sé* ha lavorato bene in profondità, e del resto è giusto che io sia ciò che sono, perché lo devo in gran parte alla sua rettitudine senza smancerie, ai suoi esempi alacri e silenziosi (tirando giù solo una qualche storpiatura di madonna per procrastinare un eventuale cedimento del suo zelo e fatica). Sono strutturalmente più buono dei miei fratelli nelle intenzioni e nei fatti, perché sono più intelligente e nei fatti e nelle intenzioni, li so capire meglio perché ne possiedo il bandolo da più lungo tempo, so separare le une dagli altri, e quando la vita mi ha chiesto un fatto sapevo cos'era un fatto: non era più un'intenzione, per quanto bella fosse.

E non mi sono fatto trovare impreparato.

Ho potuto esserci perché c'era in me da sempre la volontà di esserci. E sono stato anche molto fortunato: perché mia madre ha dovuto fino all'ultimo fare la serva a un odioso vecchio suocero imbelle e ingrato, io ho scelto di fare da valletto verso la morte a un'amabile fanciulla solo un po' incanutita e piena di *verve* più che mai, che adoro e mi delizia con la sua arguzia e la sua salute di ferro e i suoi tormentoni sui parenti.

E non è detto che a causa mia morirà prima di me: a parte esistere, non le ho mai causato un dispiacere da molti anni a questa parte.

Stinco di santo/stinco di porco

Mia madre non fornisce alibi né scuse a sproposito.

Il suo insegnamento – e il suo modo stesso di vivere – dice: se non sbagli non devi chiedere perdono, non metterti nella posizione di dovermi chiedere perdono. Meglio che non sbagliare non c'è, e perdonare non è un granché: è appena inferiore al farsi perdonare e così sbagliare daccapo.

È o no l'abbiccì della libertà?

Credo che tuttavia ciò contenga un'oscura metafora sessuale antitetica all'enunciato, e cioè che questo vale fuori del letto mentre dentro il letto due fanno quello che vogliono e si rifugiano lì per perdonarsi come possono dei torti fattisi durante il giorno.

Come a dire che, se non c'è letto insieme, che è dritto e tortuoso nello stesso tempo, gli sbagli si pagano in quanto sbagli, non si scontano in quanto perdono sbagliato e fuori riga, e nella sua vita di letto c'è stato solo quello con suo marito così come nella nostra vita sono rari i letti sul cui verdetto assolutorio contare per fare alba di un tramonto e ripartire pari e patta al mattino.

Fai errori solo con chi ami di passione sessuale quanto te stesso, per lo sfizio di avere un pretesto e farti perdonare a modo vostro, l'altro sei tu e viceversa, contenti noi...

Un figlio invece, che una madre ama più di se stessa, non ha scuse per sbagliare con lei e quindi con gli altri.

È questo che rispetto in mia madre, la lezione che mi ha dato: non affattura prove che non ha sull'esistenza, interviene di peso per far valere la sua ragione solo «se c'era anche lei sul posto» o si astiene dal giudicare e si rimette al meglio e al peggio, indifferentemente.

Non ha aspettato l'irreparabile commesso da un figlio per giurare sulla sua innocenza: non ha mai dato un soldo sulla sua innocenza sin da quando era in fasce. Una madre non è una pappamolla, è come un Dio: colpevolista e vendicatrice per mandato. A te, figlio, difendertene perdendo la tua innocenza nel proclamarla.

E così lei mi ha cresciuto sul filo del rasoio della responsabilità nei confronti di lei stessa e quindi del mondo. Io non ho idealizzato mia madre: non ne avevo bisogno, lei non me ne ha mai dato alcuna possibilità...

Sentire mia madre parlare degli altri tre miei fratelli (che sono persone di assoluto rispetto, dei cittadini di prim'ordine verso i quali nessuno, nemmeno io, è nella situazione di dover o poter fare alcuno sconto) è ascoltare un testimone oculare che sta giudicando tre estranei, innanzitutto prende loro la pressione sentimentale e spesso solo emotiva, la confronta con i casi e le combinazioni e le coincidenze della loro storia, e dal calore del loro sangue, che sia caldo, tiepido o freddo, ne misura il coraggio o la viltà delle decisioni senza togliere né aggiungere.

Sconfessa ogni mito del Destino cui soccombere con l'astuzia del vinto che non deve rendere ragione del proprio fallimentare operato.

Oscuramente lei sa che un uomo vale quello che è capace di sentire, la sua energia vitale, la sua volontà di tener duro e non indietreggiare, lei detesta i vinti non meno dei vittoriosi, non è questo che conta, il successo o l'insuccesso, ma il perdurare della propria integrità pur attraverso ogni alto o basso della vita, la dignità non è un'appendice della Fortuna, e un uomo resta tale proprio come un fuoco se riesce a attraversare ogni temporale possibile senza spegnersi prima del tempo.

Niente scuse.

Davanti a un fuoco spento che si crede ancora un fuoco vivo, lei dice, non sei più un fuoco, sei un tizzone senza brace; se quello ribatte e insiste a dire che è quello che non è, rincara la dose, «Le ceneri si ribellano. Tutto fumo negli occhi, ma gli occhi sono tuoi».

Ovvio che, data la mia vita scientemente immacolata (e immacolata anche là dove nessuno avrebbe potuto vedermi e smentirmi poi), sarei potuto finire in una galera di Stato solo per un errore giudiziario o per un complotto politico, però è altrettanto vero che, con un secondino come mia madre, non sono mai evaso cinque minuti impunemente da quella di casa. Lei (e, per la verità, anche mio padre) mi ha dato il senso del limite, un infinito su cui premere gradatamente col sudore del lavoro e dell'onestà, e quindi, ripeto, mi ha dato il senso della libertà: il limite, invalicabile, della mia libertà rispetto a quella degli altri, alla sua, un infinito in sé inviolabile anche per il più attaccato alla sua camicia di forza. E noi di casa veniamo dalla cipolla sfregata su un pezzo di galletta per tirare avanti, mica dallo stufato dell'asino volante con polenta tiragna, non è una questione di mezzi di partenza e di arrivo, è una questione squisitamente estetica («fare bella figura») legata all'orgoglio di farcela senza chiedere né strappare niente a nessuno con la frode o la violenza.

Non si attribuisce affetto a chi sbaglia, pena far perdere ogni valore all'affetto verso chi fa la cosa giusta e è il momento di manifestarlo, cioè di sorvolare – l'affetto mia madre lo manifesta sorvolandolo – e passare a altro.

L'agnizione diretta, per lei, faccia a faccia e loquace, è sempre col maligno. Per il resto, arrossisce, apoteosi di ogni dichiarazione d'amore.

L'affetto di una madre vera, antica, è saperlo trattenere per i casi di effettivo bisogno, nell'indigenza, nella malattia, nella fame, nella guerra, non di darlo quando, per il troppo benessere o fannullaggine, il proprio figlio causa a altri indigenza malattia fame guerra: lì lui si deve arrangiare, se no non capirebbe mai niente se venisse ugualmente gratificato e dal bene e dal male, che per lei, giustamente, esistono e sono ancora, contrariamente alle filosofie attuali di marca nazionalsocialista-decadente, l'uno l'opposto dell'altro.

Una madre così è presente anche quando si assenta e dice: adesso arrangiati da solo, l'hai voluto tu, non io, non noi, tu e nessun altro. Con questo cordone ombelicale che reclami anche adesso fatti un cappio e da' un calcio al seggiolone.

Chi sbaglia, paga: paghi lui, il figlio, non un altro al suo posto, altrimenti tutte le caselle vengono sovvertite e nessuno è più niente, l'innocente ha preso il posto del colpevole e viceversa, e la madre il posto di entrambi e lo tiene occupato facendo finta che ognuno sia ancora al suo posto. Con mia madre non avrebbe funzionato questo gioco indebito degli scambi di persona.

Bisogna cominciare da piccole mamme, non accorgersi da matriarche che uno schema non ha funzionato e che si esercita il potere di difesa su un sacco di patate andate a male, fossero pure partorite da te.

Quando una madre difende a spada tratta il figlio delinquente (soprattutto nei confronti di un'altra donna) e fa di tutto affinché neppure stavolta paghi per il danno causato, difende in effetti se stessa e gli errori che crede di avere commesso nel *tirarlo su* – nel tirarlo su quando era meglio lasciarlo a terra perché su ci ritornasse da solo.

Le colpe dei padri cadranno talvolta sui figli, ma è sempre vero che un figlio abbandonato o a se stesso o ai suoi capricci paga le colpe della madre inadempiente.

Ora, come è possibile trasformare una madre normale, che è per statuto divino criminale e infelice fino alla fine dei suoi giorni, in un figlio civile e felice e riconoscente come me?

Sia come sia: non c'è madre moderna e innovatrice che non sia medievale e conservatrice.

La perfezione di questo ruolo sta nella sua giusta commistione fra reazione e azione, e volentieri nel caso della perfetta Mamma il progresso è l'aggiornato travestimento della vecchia, cara, insostituibile barbarie secondo la quale una mamma è una mamma è una mamma è una mamma. Niente di nuovo sotto la spilla da balia. Per fortuna. E tuttavia...

Mammoletta cara, c'è una strada nel bosco che sol io conosco: vuoi venire anche tu? Di rigore la bicicletta te la presto io: ha il sellino ginecologico col forcipe incorporato! Guarda che hai le stringhe slacciate, potresti finire col nascituro nella ruota dei frati o del Mulino Bianco. Se sei ingombra e vuoi sbarazzarti, evita di fare sosta ai cassonetti. E non rompermi le acque a ogni pedalata, non chiedermi in continuazione dove stiamo andando e quando arriviamo e che ti scappa la pipì e la popò e che non ce la fai più. Stringi i denti ancora un pochino. C'è una lieve salita e poi c'è solo da scalare l'Everest delle Pari Opportunità e è fatta; to' un kleenex intanto, e pulisciti bene sulle sponde della radicchietta che se no prude. Lo puoi fare a cavalcioni e senza smettere di pedalare.

Te lo dicevo io che non era solo un falso allarme.

Hai preso su una piccozza e un machete per l'intimo donna? Non si sa mai di questi tempi e con questi defolianti: ti sdrai sull'erba per un picnic fra le stelle alpine e le genziane e ti ritrovi con vaginiti che manco il napalm.

I primi vagiti
della perfetta Mamma

Non c'è una sola cosa nella vita che sia tutto nella vita, figli compresi, e una vita di merda non ha mai giustificato la debolezza di farsela addosso perché, tanto, la merda si era innalzata al rango della vita.

Una donna non figlia alla cazzo di cane, giusto perché ha l'apparato interno per farlo e sarebbe un peccato non approfittarne.

In decenni e decenni di fuorviante etologia – studio comparato degli animali, ai quali si sono prestati sentimenti e codici umani tali che gli mancavano solo le bomboniere e le partecipazioni e poi erano dei pirla esemplari – non si è mai sottolineato l'unico fattore di assoluta saggezza dal quale l'essere umano deve trarre le sue conclusioni imparando qualcosa anche dai merli: prima si fa il nido e poi si procrea, viceversa mai. E non c'è maschio, destinato o no a prendere il volo quanto prima, che non vi contribuisca. Almeno quello! Donne, non bisogna ridursi a una barbona per capirlo.

La maternità non è un tegola – del tetto di un altro – che ti cade sulla testa e che col tempo diventa un intero cornicione fra capo e collo; è un progetto, non un'improvvisazione, anche se è meglio che sia un progetto improvvisato, è una volontà, non una svista: la perfetta aspirante Mamma può anche concepire sui cartoni fatta di vodka come una topa, ma deve essere sicura di avere un tetto sopra la testa al momento del parto. Fa' in modo che sotto abbia doppi servizi, un terrazzo con gerani in bella vista, delle sfiziose tende di cotone a uncinetto come le mie e una prima, spettacolare *console Directoire* già sul pianerottolo.

Una ragazza accorta rifugge dalla democrazia della miseria che garantisce una fertilità a tutte.

Piuttosto, cucirsela.

Senza casa, non ci si sposa.

Senza casa propria e indipendente da quella dei suoceri, non si figlia.

I figli avuti fuori da una casa perché non ce n'è una in cui fare stabile rientro, fossero pure di una coppia regolarmente sposata, sono i veri figli illegittimi del nostro tempo. Scodellarne giù una mezza dozzina da dare in pasto ai pedofili e alla camorra e alla scabbia e ai boy-scout e poi sperare nell'assegnazione di una stamberga del Comune e fare la martire derelitta per tutta la vita è *out*. Giocare d'azzardo sarà anche emozionante, ma non lamentarti poi che sei diventata una *fiche* che passa di mano in mano e di tavolo in tavolo...

Non fare l'europea in Africa e l'africana in Europa sia il kit mentale di prima necessità della perfetta Mamma dei suoi stessi sogni – e di quelli del nascituro.

Io non ho niente contro i cani negli appartamenti condominiali, basta che non siano in quelli degli altri: esattamente il contrario di quello che penso dei figli fatti e allevati all'aperto senza essere dei naturisti o in una topaia senza essere il Pifferaio Magico.

Parlare coi feti?

A parte il fatto che sempre più spesso non c'è nemmeno bisogno che sia tuo per avere oggi l'impressione di parlare a un feto con lo sguardo postdose e di stringere non una mano ma un pezzo di placenta di ormai trent'anni che reclama la paghetta settimanale, la mamma incinta, per dialogare amorosamente col suo feto, ha proprio bisogno di sapere già di che sesso sarà per declinare gli aggettivi giusti? I geni, e le persone per bene in generale, non sono proprio coloro che, chiamate Anna Carla per nove mesi, sono poi spuntati fuori in quanto Annibale e quanto caro lo stesso? Il sesso indefinito, almeno fin tanto che si può, arricchisce il feto di echi cerebralmente forti e corroboranti quanto un nome di battesimo specifico maschile o femminile non farà mai.

Perché devi rivolgerti a tutti i costi al femminile o al maschile a qualcuno che è appena il meraviglioso Tu senza desinenza che tutta la Terra aspetta?

Devi rifiutarti di sapere anzi tempo che sesso farà, preparata sia per la pioggia che per il solleone che per il misto neve-lava con fulmini a ciel sereno. Non è che tu non debba sapere prima il sesso del nascituro per non rovinarti la sorpresa dopo o perché ci sarebbe più rispetto del mistero della vita: è che il sesso non deve essere alcuna sorpresa e non ha il diritto di rappresentare la vita per intero. Chi se ne frega, dimmi tu.

Parla a alta voce al tuo feto con lo stesso amore e neutralità con cui normalmente ti rivolgeresti a un nontiscordardimé di alta montagna trapiantato sulla spianata del tuo davanzale. Digli le paroline giuste e insane che aumentano la clorofilla dell'aspidistra e i colori, già violenti, della viola del pensiero. Perché devi chiamarlo Giglio o Gigliola, Sanpietroburgo o un'Asia tutta? Perché marchiarlo già da subito a fuoco con l'abitudine che te ne fai? Un figlio non è una ricorrenza spaccaminuto che ti appartiene, ricordalo, non è la cornice delle tue aspettative, il colore rosa o azzurro delle mandorle battesimali ai tuoi cari. E se ti nasce maschio ma con l'uccello in fronte o femmina ma con la riccia sul ripiego del gomito? Vale la pena di fare un figlio per collocarne già il feto nell'angusto spazio mentale e sociale di una bomboniera normativa?

Impara piuttosto a fare le fasce con le fodere vecchie dei materassi e a risparmiare in prodotti per l'infanzia che, in verità, sono prodotti per la pigrizia e la non voglia della maturità. Fasciagli le gambe ben strette, non deve venire su con le ginocchia gemelle solo perché non hai mai dovuto imparare come si va a legna e si fa su una fascina e o la si porta a casa sulla nuca o geli. È un'usanza crudele, non servono a niente, ma così impara più avanti a non voler raddrizzare le gambe ai cani solo perché le ha comunque storte lui.

Soprattutto impari tu una volta per tutte: in un colpo solo avrai mandato affanculo anche la pediatria moderna.

Mi fa la mia domestica, io ero in bagno, davanti allo specchio a schiacciarmi i punti neri, «Adesso parli anche da solo?», «Sì, e ne sono consapevole. Ho una bella voce, se non sento la mia voce per prima come faccio a capire quando parlano gli altri che non è la mia ma la loro?», lei continua a passare lo straccio sulle mattonelle del bagno e aggiunge, «Contento tu». Ci rifletto un po' su e capisco che io non sto parlando a alta voce con qualcuno, non mi sto rivolgendo a nessuno in una conversazione ideale e sempre un po' spettacolare e tutta a mio favore, no, no, io mi sto rivolgendo a me feto, parlo a me sottovoce, ma neanche tanto, come una mamma parlerebbe al suo vitino in grembo. Avrà il pisello, avrà la passerina?

L'avrà avuta o l'avrà avuto, ora l'ha a vuoto.

Ritorno alle origini, vedi?

Parlo a alta voce perché, come tutti, a ben pensarci, non sono mai nato del tutto, non si finisce mai di nascere, e col passare degli anni, indietreggiando col tempo, con la memoria e il senno, recuperiamo nella nostra voce una voce altrui, remota, pacata eppure così ben articolata, voce che adesso siamo costretti a farci da noi ma che in verità è la voce della nostra mamma.

Ti sei messo la panciera di lana e la fascia elastica contro la sciatica, tu, che la Terra tanto aspettava e poi sei arrivato proprio tu, ora un cinquantenne reumatico? Non potevi essere un altro?

Ma io lo sono, un altro!

Mia madre non voleva un altro maschio quando mi aspettava, ne aveva già due, voleva una femmina a tutti i costi, sicché avevo un completino di scarpine e flanelline rosa con rilievi di roselline rosa quando sono venuto fuori io. Non ha osato servirsene, ma mentre i miei fratelli avevano avuto corredi celesti, a me in fretta e furia sono state messe un po' di lane fruste alla rinfusa e di tutti i colori. Mi piacque subito il giallo e lo scarlatto, dopo le prime tre settimane il verde, il viola, il rosso e il macramè in generale, a nove mesi, nove e nove diciotto e quindi camminavo e parlavo già, mi donava tutto meno la tinta unita.*

Ogni tanto lei si prendeva il pancione con entrambe le mani e, mi ha raccontato, mi parlava in quanto femmina, poi si fermava improvvisamente e si chiedeva, e se è un maschio anche stavolta? Il dubbio le faceva cambiare tono e, siccome aveva sentito Mussolini una volta da un balcone, cercava di imitarne il timbro, e quindi cambiava anche argomenti, progetti, ambizioni, riscatti e tipo di guerra cui mandarmi, ma poi riprendeva per la strada

---

* E il nero: non ero destinato a diventare un'addetta della moda.

maestra del genere da lei designato a priori per me, perché lei desiderava una figlia per una sola ragione: una donna che la aiutasse a badare a tutti quegli altri maschi che non sanno badare a se stessi.

Posso fare la voce baritonale e il falsetto del guitto; posso essere io e ormai anche lei quando sono con lei e lei quando sono con me e me anche se sono da solo.

Sono io, suvvia. Sono diventato la mia mamma e la mamma di me che parla al suo feto cresciuto un bel po' ma non del tutto.

Finché c'è vita c'è mamma, parla a alta voce, dice «io» e sei tu. Da mozzarsi la lingua, ma è così, è l'inesauribile eco prenatale che ti sta abituando alla menzogna per convincerti. L'eco dice: vieni fuori da lì che non sei solo, ci sono qua io.

Ti fai compagnia con la tua solitudine, ti fai forza con la tua debolezza.

E lei sei sempre tu, che parli a alta voce in uno specchio.

Ma stavolta non lo attraverserai mai più.

Il pap-test del mamma-pappa

Esistono, stringendo, due tipi di mamma e quindi due tipi di famiglia: quella che si preoccupa se scopre che il figlio di sedici anni alle otto di sera rientra a casa con mille lire di non comprovata provenienza e lo prende a sberle finché non sputa il rospo (come farei io), e quella che si preoccupa se a notte fonda il figlio di otto non è rientrato in roulotte o nel basso o nello scantinato con almeno un centone in saccoccia, e a prescindere da come e da chi e perché e dove e in cambio di che cosa le ha avute, e lo prende a sberle, e soprattutto a calci e a pugni, e basta – fino a che non rientra il padre che gli dà il resto per mancato introito giornaliero.

Una volta fattoti il Test-del-pappa ovvero del pappone e appurato a quale tipo di mamma tendenzialmente appartieni, datti una bella rinfrescata, fa' «glglglgl» con la saliva nel canarozzo come se stessi facendo il tuo ultimo gargarismo e cerca di immedesimarti subito dopo nel moralismo e nella disperazione della tipologia di genitore opposta a quella che presumi per te.

È un esercizio utile, una specie di profilassi contro le future, eventuali, probabili, inevitabili insidie del tempo – e dei tempi all'agguato per ogni mamma dal fil di schiena troppo come canna al vento.

Se infine hai deciso che al perbenismo persecutorio di chi ha abbastanza soldi (per permettersi indifferentemente figli probi e retti per convinzione o figli ladri e marchettari per noia) preferisci lo spirito di sopportazione del moderno genitore al verde ma il centone ogni sera tarda dal tuo bambino, non indugiare.

Puoi mettere l'infante subito alla prova, se oltretutto è una femminuccia, la strada è la sua morte.

La tipetta ha la vocazione che sogni per il suo bene? Lo vedrai in un battibaleno, ma scegli un mese invernale: gli occhioni sgranati nel visetto sporco (fondo tinta Max Factor), infagottata contro il freddo (un *delabré* di Gigli), le manine protese (mangiale prima un po' le unghiette, lacca *beige* del *Rougenoir*), lascia il tuo tesoro, si spera, di tre anni in mezzo allo shopping natalizio a mendicare.

Nessun passante chiamerà i carabinieri per rintracciare la mamma-manager, una pariolina di trentadue anni molto *trendy* pazza per il folklore balcanico postbellico e nomade in particolare, e anzi, magari la piccola, intirizzita Cosetta trova pure un maresciallo in pensione che si offre di farle delle foto – di gruppo – a casa sua in cambio di una elemosina supplementare.

Di' alla tua bimba che non deve mai spostarsi

per nessuna ragione dal giaciglio dove l'hai messa tu, che ci sono in giro dei loschi dal tipico occhietto lacrimevole-ammiccante e che non deve accettare mai offerte simili – senza che prima sia ritornata tu a fare due conti e alzare l'offerta.

Trattare, si sa, non è il forte dei bambini al loro primo impiego, bisogna stargli vicino.

Sono ancora in prova.

È nato!

Ma via, non trascendiamo, c'è ben di peggio di una mamma snaturata secondo copione: c'è una mamma che fa fino in fondo la sua parte!

Dunque è nato, ha già un paio d'anni, è un campione di rassicurante egoismo, tanto che tu talvolta ti chiedi se hai messo al mondo un figlio o il modello non perfettibile del piccolo consumatore provetto, un mostriciattolo ingurgitatore di vomiti firmati, e il godzillino ha bisogno di tanta sicurezza che anche fisicamente ricerca come un forsennato ogni sorgente di calduccio. A tre anni, in quanto ultrà del pensiero debole, è meglio dello juventino Gianni Agnelli e della *opinion maker* Alba Parietti messi assieme: non esce di casa se non ha una tutina di shahtoosh impreziosito dall'originale marezzatura di sangue sacrificale.

Qual è il vero Paese dei Balocchi per ogni bambino? Il letto dei genitori. E se hai una casa, avrai pure un letto matrimoniale, no? Farcelo entrare o no? Ma sì, e alla grande. Soprattutto se avete il mestruo e avete deciso, per quella sera, di accampare la scusa più trita e ritrita per essere rispettate da vostro marito, che se ne impipa lui, normalmente, delle vostre cose proprio come voi delle sue.

Lascia pure, o mammina, che il bambino dorma nel lettone dei genitori, di fatto separandoli e inchiodandoli al ruolo che gli devono, all'unica ragione che hanno di esistere: soddisfare i suoi bisogni, spazzare via le sue paure, condividere le sue minzioni. Vi titillerà i capezzoli, vi darà tanti bei calcetti nelle palle, vi farà delle domande imbarazzanti, o da urlo, proprio come un adulto nel cuore della notte quando russate alla vataciao* e meno ve lo aspettate, tipo «Dormivi?», scrollandovi.

Ma sì, salta dentro, amorino della tua mamma e del tuo papà!

Aerate prima la camera da letto, donne, e abbiate cura di mettere i pappagalli fuori sul davanzale della finestra. Ci sono ristagni di odori che impuzzoliscono anche le travi e che a un bambino fanno male. Potrebbe cercare anzi tempo di imitare voi e lo stato di pronto soccorso Unicef in cui olfattivamente versate in quanto coppia. Ditegli che se non fa il bravo e non smette di tirare su con il naso come un ebete forsennato chiamate a cantargli la ninnananna la figlia *more uxorio* di Claudio Villa.

---

* Bonaria esortazione per bocca delle signore senza malizia che non sanno cosa dicono, pertanto contrazione non *prude* che per mia madre, per esempio, significa «va' e ciao»; per gli uomini vale solo l'originale «vataciaèt», sempre bonario ma esplicito, all'indirizzo soprattutto di altri uomini: «va' a farti chiavare», cioè inculare, sottinteso «che vai bene; alla grande, già che ci sei».

Ma a che pro? Dove non c'è il ricordo di una puzza, non c'è puzza di ricordo.

Spesso mi sono detto che la nostra memoria è un lascito degli orifizi altrui e che bisogna tenerli in allenamento da giovani per non perderla da vecchi.

Il latte materno e i suoi derivati

Sono stato allattato da mia madre del tutto fortuitamente fino all'età di cinque anni.

Per quel poco che so di anticorpi e sistema immunitario, se così non fosse stato sarei già bell'e che morto, con tutte le malattie infettive che ho preso da giovane non tanto in giro per il mondo ma non muovendomi da Milano per un paio d'anni (ero in cerca di fortuna, ho trovato una caverna di Aladino stracolma di architetti e di stilisti e di poeti della media borghesia e dei Navigli e quindi di gonococchi e stafilococchi, anche se devo riconoscere a Parigi la spirocheta pallida – e quanto assorta!).

Ho specificato *fortuitamente* perché mia madre non era per natura la vacca del Bue Grasso festeggiato nella secolare fiera di Moncalvo, che non so neanche dove sia: quando si è sposata pesava quarantasei chili e, dopo pochi mesi, si è resa conto che l'unica dote non traballante che aveva erano le mammelle e ha cominciato a produrre quello che poteva.

Certo a produrlo per i suoi figli, ma soprattutto per i figli delle altre che non avevano latte, e dalle quali non si è mai fatta pagare se non in natura, un chilo di zucchero, un chilo di sale, una gallina, un salame, o le quali, benestanti, volentieri ricorrevano a una balia e sganciavano qualche lira, sempre misera, per non rovinarsi il seno.

Mia madre ne ha tenuti a balia undici e ha prodotto, segnati etto per etto in un arco di tredici anni, ottocentoquarantotto chili, e non litri, di latte. Anche quando mangiava, certo sentendosi una ladra, lo faceva per senso del dovere: più che nutrirsi, si ingozzava, trangugiava, ce lo faceva stare. Mangiava uno per produrre tre. Sicché noi figli, alle età più svariate, visto che c'era già attaccato uno sconosciuto, ci sentivamo in diritto di attaccarci anche noi: era la nostra pignatta dei poveri, la nostra merenda extra di eterni affamati, il Formaggino Mio che non costava niente – a noi.

Lei ci donava il suo capezzolo libero come altre mamme un libro di fiabe o, presumibilmente, l'ultima fetta di una torta da lei fatta e da lei mai assaggiata.

Intanto si metteva da parte «i palanconi» per comperare la licenza della sua prima osteria con cucina. Si fasciava il seno, talvolta, perché le comari dicevano che lì aveva tanto dolore «ma che non poteva scioperare nemmeno un minuto». E ha sempre esibito un personale che era uno schianto, un orgoglio, un'azienda in attivo.

Che cosa significa adesso, ma anche allora, che

allattare rovina i seni di una donna? Perché, dovrebbe forse rovinare i pollici di un uomo? Meglio rovinarsi i seni, che poi sono tutte frottole delle industrie farmaceutiche che vendono i condensati in polvere, o rovinarsi figli e portafogli coi biberon-vibratori che schizzano omogeneizzati (come mi si dice)?

Non dico che le tette delle donne siano state fatte per allattare, certo non sono state fatte nemmeno per far vendere i calendari. Il loro uso è molteplice come la loro gratuità. Ma non ce li vedo, i capezzoli, a essere titillati solo nei momenti magici del sesso, e del resto se un maschio adulto si attacca ai capezzoli di una donna e lei né ha allattato mai né lui ha mai avuto una madre che lo abbia allattato, mi dici, o mammelletta indecisa se fare o no poppare il tuo neonato, che piacere provano entrambi? Stanno officiando un mutuo rimpianto, o una porge un cavo senza corrente e l'altro si è attaccato al tram?

Si sente ripetere nei giornali di medicina, una forma di intrattenimento senza conseguenze letali a parte il sonno comatoso, che l'allattamento è la migliore prevenzione al cancro della mammella. Certo è la migliore prevenzione contro i figli che si danno alla macchia a dieci anni e li ritrovi solo già fatti grandi, e già *fatti* tout court. E reggono poco sia l'alcol che l'eroina.

Mia madre conosce solo il cancro della minima e delle vane promesse di aumentarle la pensione, adesso è tutta contenta perché le hanno assegnato degli arretrati di guerra, lei è del '14, saranno già quelli della Seconda, credo, comunque una cifra talmente irrisoria che non sto qui neanche a dirla. Glieli rateizzeranno nei prossimi dieci anni, dice la circolare che ha ricevuto non sufficientemente affrancata.

Lei fa spallucce: ci sarà a riscuoterli uno dopo l'altro, lei, in barba all'invito esplicito dell'Inps di crepare prima.

Dateglieli alla svelta, 'sti due palanconi di arretrati, o per ripicca è capace di rifarsi venire il latte a ottantasei suonati per arrotondare!

Sesso in quarantena

Durante lo stato interessante, inutile dirlo, la mamma futura è scopereccia come non mai e sempre con le gambe all'aria o a quattro zampe come i gatti quando tendono la schiena: fa bene al nascituro rendersi conto al più presto dei colpi che la vita ha in serbo per lui e al cui confronto quelli del papà son rose e fiori. Inoltre l'utero, irrorato più volte al giorno di testosterone spremuto al momento, guadagna in elasticità e al momento buono sarà rotto a tutto.

Ma vediamo ora il sesso durante la quarantena: la mamma, da fidanzata alquanto ritrosetta, concede ora o non più al giulivo e intraprendente papà l'entrata del tempio più ascoso e ambito, e quindi «le pure gioie ascose» di manzoniana memoria?

Alla grande.

Io però seguirei anche in questo caso una questione di principio, nel senso che è massimamente sbagliato per la neofita principiare ungendo il tempio ascoso con la cremina per il rossore del neonato: la puerpera in quarantena non farà storie, ma niente cremina. O lui le umetta la rotondetta porticina del tempio ascoso con la lingua un dieci minuti buoni per sciogliere la naturale resistenza dei vergini cardini – come del resto il papà pretende dall'amico di famiglia anche lui con la moglie in quarantena ma di strette vedute, lei – o niente da fare.

Solo così, o perfette Mamme, riuscirete a capire che c'è qualcosa di meglio del rispetto preteso da una quarantena: la mancanza di rispetto di un'ottantena.

Panegirico sulla protezione e promozione della Famiglia

La famiglia è una prostituta per aver bisogno di un protettore? E un protettore chi protegge veramente, la puttana o se stesso? Proteggere è un eufemismo per *sfruttare*. Spolpare. Di solito fino all'osso.

Un protettore che si rispetti – in un certo *demimonde* – ha mai protetto una prostituta a scapito della propria pelle? Non preferisce di solito sacrificare la pelle della protetta e darsela a gambe con la sua borsetta di skai?

Chi comincia col proteggerti, in sé una buona azione, apparentemente, finisce per avere su di te potere di vita e di morte. Devi innanzitutto ubbidirmi, devi credere che senza la mia protezione sei perduto: se non lo credi, ti faccio fuori.

Ogni protezione sembra offrirsi al più debole per sorreggerlo nelle traversie della vita, in effetti si impone al designato di restare debole per tutta la sua vita di minuti contati al timer dei doppi fini di un altro.

Donne di polso, vulve di panza, uteri che non se

la bevono: diffidate di ogni direttiva e consiglio dall'alto. Dalle istituzioni e dal clero italiani non c'è da aspettarsi niente, a parte il loro stesso rigenerarsi in sé come le gramigne.

Dai balconi di piazza, dai pulpiti di chiesa, dalle pedane dei partiti, dai banchi del parlamento normalmente ci arrivano ai timpani delle grandi sciocchezze e delle immani, castranti castronerie, ma mai tante e tali come quando – volendo raddrizzare le curve e far quadrare il cerchio, massima aspirazione dei poteri fortini Dio & Patria – tutte le falegnamerie e le architetture dell'autorità costituita si danno braccetto e insieme cospirano contro la famiglia con la bella intenzione di ridarle dignità, forza, ruolo *centrale* nella società e nelle preoccupazioni dell'assistenza pubblica.

Ogni tanto, anzi, regolarmente, i miasmi più bui, le energie più subdole e lascive, sempre eleganti e edificanti, della politica e della religione – deficitarie su tutti gli altri fronti – per fare proseliti e cassetta invocano maggiore protezione e aiuti statali e sgravi fiscali per la Famiglia, le mamme che lavorano o che non lavorano, i papà con il figlio-zainetto al bar impestato di fumo: dimenticando che la Famiglia, fuori della sua icona irreggimentata a fini idealistico-teosofico-reazionari, non esiste più, ma che di famiglie ce ne sono ormai almeno sessantasette tipi diversi omogeneamente *schizzati* in parti uguali.

Queste filippiche e reprimende nobili, sopraelevate da uno scranno ignobile, dicono che la Famiglia è lasciata a se stessa, che è il trionfo dei gay e delle coppie di fatto, che si fanno pochi figli, che bisognerebbe aumentare gli assegni famigliari e dare un premio a chi fa almeno il secondo figlio, che la società intera, abbandonata a se stessa e ai suoi meccanismi perversi di mercato, minaccia la Famiglia e che occorre un intervento esterno, legislativo, per consolidarla e promuoverla, che la Famiglia, nella sua accezione di sacra e immutabile e ormai inesistente, è la colonna portante del mondo umano eccetera e che però, senza puntelli esterni...

Balle. Non si può e non si deve fare niente per qualcosa che o sta in piedi e assieme da solo o niente e nessuno riuscirà mai a impiantare e compattare. Si cerca di inserire l'ideologia economico-tributaria laddove l'equilibrio risponde a ben altre leggi: nessuna famiglia indigente si è mai sciolta a causa della miseria, dei troppi figli, della disoccupazione, della mancanza di asili nido, di spazi verdi, di assistenti sociali, di sconti comitive per salire sulla statua di san Carlo Borromeo a Stresa e una volta lì, si spera, buttarsi giù a capofitto col catechista.

Sembra che oggi, se due coppie di neosposi su tre si sfasciano entro dodici mesi, la colpa è mia.

La mia perfetta Mamma non chiede né si aspetta alcuna protezione dallo Stato e dalla Chiesa, sa che ciò che non risiede nella sua volontà di farcela non potrà essere attivato nemmeno dalla consulta di tutti i ministri e sindacalisti e preti armati di sonaglietto e pacchi dono e rosari. Lei sa che lo Stato, coi suoi interventi *a favore*, è lì solo per dare gli ultimi colpi di piccone e abbattere definitivamente ciò che, magari, da solo resisterebbe ancora un po' e meglio.

La famiglia o è una cellula perfettamente autonoma e autosufficiente o non è niente né a lungo, è qualcosa di effimero in balia dei decreti legge sulla momentanea distribuzione di granaglie un tanto pro capite, decreti che oggi sono così e domani, cambiato il vento della convenienza elettorale, chissà.

Non si sono sterminati tanti piccioni come da quando sono diventati specie protetta.

Si ricordi, la mamma motivata a esistere e a resistere con le sue proprie e esclusive forze, come parte la guerra ai colombi delle piazze: si inizia nei centri storici la conta degli esemplari; il censimento viene svolto con tre o quattro conte nelle stesse vie verso le 9.30, cioè quando i piccioni sono già usciti dai nidi ma non sono ancora in particolare movimento; alle 10.15 si rileva un numero triplo rispetto al limite considerato accettabile dall'Organizzazione mondiale della sanità e poi, alle 11.30, si prendono le misure del caso.

A un'ora imprecisata del giorno dopo, si tendono le reti.

I colombi, credendo di trovare le granaglie pronte sul sagrato a ogni risveglio e di alzarsi in volo quando gli pare e piace, non stanno lì tanto a pensare se una data mattina le granaglie sono messe sopra le reti; non più considerati selvatici in cerca del proprio cibo ma specie protetta cui va garantita l'alimentazione comunale, si librano solo verso la possibilità di essere abbattuti in ogni momento.

A discrezione *di*.

Secondo disposizione e necessità.

A piacere, infine.

Uova comprese.

A una famiglia mantenuta insieme artificialmente dai sussidi statali o comunali è più facile chiedere al momento buono di sloggiare, di offrire i figli alla guerra o al legalissimo commercio e smistamento delle droghe proibite, di votare un certo candidato protettore dei valori della sua famiglia, ma soprattutto di chiudere entrambi gli occhi sulla mancanza di democrazia reale là dove la famiglia dovrebbe convogliare i suoi interessi e le sue preoccupazioni principali: le istituzioni sanitarie, scolastiche, giudiziarie e parlamentari, cioè laddove si spreca a fini privati e in pensioni d'oro il denaro pubblico.

E allorché, ingrata della sua sopravvivenza cui hanno provveduto i filantropi di Stato o di partito, reclamerà alla democrazia queste istituzioni appannaggio di una casta, verrà abbattuta e dispersa senza pietà.

La brava ragazza
è una perfetta Mamma nata

È vero che, se avessero partorito soltanto le brave ragazze, l'umanità sarebbe già estinta. Ma oggi la civiltà o l'inciviltà della nostra civilizzazione, cioè del vivere dentro questo sistema senza esserne rigettati ai margini a piatire le briciole della sanità e gli scarti della scuola e l'eutanasia a prezzo politico, ha un costo esorbitante – che esclude chi non vi può far fronte – ieri impensabile in qualsiasi altra forma di convivenza tribale in Occidente.

Oggi, con tutti i gradini che bisogna fare per essere al punto di prima ma sentirsi integrati, si è una donna perduta cadendo ben meno in basso di ieri, e il cittadino di serie B di ieri, oggi, a causa di una buccia di banana, diventa nel giro di ventiquattro ore cittadino di serie H.

Non ci sia di consolazione che cittadini di serie A non esistono più per nessuna classe: un cittadino di serie A presuppone uno Stato di serie A. E qui, con le scuole, la sanità, i trasporti pubblici, la giustizia, l'iniquo, lassista e predatore sistema fiscale che abbiamo, con le corsie preferenziali per prelati e per soloni della politica e l'andazzo antidemocratico di ogni partito, anche di Centrodestra, oggi chiamata Sinistra, non è il caso di fare tanto i pignoli.

Tuttavia l'illusione che prima o poi esisterà un senso dello Stato anche qui e che anche in Italia ci sarà uno Stato ci porta a affrontare ogni ulteriore sacrificio e parsimonia e responsabilità per farne parte, per far parte di qualcosa che non c'è perché noi ci siamo e non ci rassegniamo a questa latitanza, facciamo resistenza al *cupio dissolvi* per non scadere nelle disperate anarchie di chi ha gettato la spugna e con molte ragioni non crede più a niente.

Però il prezzo da pagare è alto, perché si comincia nel non credere più a niente e si finisce per non credere più in se stessi: finalmente sei arrivato dove voleva questo non Stato. Si diventa delle carogne meschine e patetiche che non sanno far altro che puntare il dito contro un capro espiatorio.

Noi carogne abbiamo mille ragioni e un unico torto: non si può avere ragione mille volte contro lo Stato nemmeno quando la si ha. Arriva il momento che non riesci più a darti zappate sui piedi e preferisci ritornare a avere tutti i torti e nessuna ragione.

Cresce il margine di non appartenenza civile insieme al lassismo e al menefreghismo, mentre la ribellione individuale si riduce di giorno in giorno di più. Ben presto si rifiuteranno le cure ospedaliere a chi si presume non abbia mai fatto niente, con alcun contributo socioprofessionale, per averne diritto; una società a latere di lager di vario genere e metratura per malati indigenti matti barboni ex navigatori Internet fuori fase e fuori mercato si sta preparando, perché quella che si considera La Società deve difendersi da tutto ciò che è asociale ma che aspira a godere dei vantaggi della Società essendo di fatto suo nemico e parassita.

L'Una ha creato l'altra e l'altra cerca di vendicarsi per essere caduta nella Sua trappola. Ma di fatto la sottosocietà dei sottoprodotti urbani è intrappolata, sotto controllo, dentro un programma di sterminio graduale.

Anche sterminare i *parassiti* ha i suoi costi e anche questi si accollano agli sterminandi. Non credere, dolcezza indecisa fra le doglie e le voglie, che ti faranno fuori chiudendo un occhio su quello che costi a essere fatta fuori.

Oggi le mezze misure sono destinate a scomparire: o sei dentro o sei fuori, e, una volta fuori, dentro non ci ritorni più.

Bisogna sapere subito da che parte della barricata si vuole stare. L'integrazione è un progetto ben più difficile da realizzare e da mantenere dell'emarginazione: per essere emarginati basta essere poco o troppo furbi e un poco di buono non abbastanza privo di scrupoli un attimo, per essere integrati occorre essere intelligenti, diretti, coraggiosi, onesti, lottatori a lungo.

Una brava ragazza deve essere brava molto anzi tempo, oggi, deve essere una brava ragazza nata.

È un piano strategico, non è una moralità: un decoroso appartamentino di proprietà di settanta metri quadri in una industriale cittadina di provincia del Nord costa non meno di due milioni e mezzo all'anno fra Ici e spese condominiali, e hai ancora tutte le bollette di luce acqua gas da pagare; se poi, alla fine della tua carriera di moglie, il Cielo ti manda la tua sola fortuna e ricompensa possibile, sappi che un completo adatto di Valentino costa minimo quindici chili senza veletta nera con lapislazzuli tinti di nero, e non certo perché vuoi fare l'elegante a tutti i costi e vuoi rendere l'estremo omaggio a lui, ma perché vuoi far fare bella figura ai tuoi figli dietro il feretro che lo accompagna al cimitero, tanto che mai come in questa occasione hai saputo far uso del tuo piegabaffi pubico; lasciamo stare quanto può costare un marito fanagotta, ma mantenere un figlio dall'asilo alla laurea, e non fuori corso, ha un costo medio di trecentocinquanta milioni senza indicizzazione.

Se invece, o incubatrice a cottimo, lo fai per venderlo subito al miglior offerente, non ci sono problemi, e non è detto con questo che tu non sia una brava ragazza nata: sei brava a farli e a trattarli al mercato nero, il che di un percorso è il primo passo ma si ferma lì.

I figli sono figli anche se non sono pezzi di cuore ma di allevamento al minuto, però se sono pezzi di cuore e non solo di pancia all'asta è meglio.

Io non mi sto rivolgendo a brave ragazze come te che hanno una concezione molto industriale della maternità, l'avrai capito. Ma esistono ancora le brave ragazze? Altroché! Direi che esiste un esercito tanto grande quanto invisibile di quelle alle quali mi sto rivolgendo proprio io. Esse non bevono, non si drogano nemmeno con un tiro di spinello che fa tanto *chi non tira in compagnia è*, forse sono riuscite persino a smettere di fumare perché hanno fatto un fioretto gettando un occhio sotto intanto che cacavano, non rientrano né tardi né presto ma prima o poi rientrano regolarmente, sono sempre reperibili dai genitori perché avvertono sempre dove vanno e stanno e con chi sono, non fanno l'autostop, non credono agli oroscopi e alla magia e alla moda, non frequentano sette sataniche né angeliche, non frequentano però nemmeno facoltà esclusivamente femminili tipo Pedagogia dove ci sono quattromila passere e nemmeno un merlo e tutto è solo teoria di come ti allevo un maschio senza poterne mai dondolare uno.

Le brave ragazze conoscono il valore del denaro anche se ancora non ne guadagnano né disonestamente né onestamente e, per l'appunto, non giocano affatto con la loro salute e il loro amor proprio esercitando di nascosto un mestiere considerato antico quanto il mondo e che poi al massimo arriva a una sveltina Biedermeier con minuetto fra un finto pompino Restaurazione e una vera sega Rococò, roba che a una fiera degli O-bei o-bei appena decente ti tirano dietro se osi esporla.

La brava ragazza nata mira al trono e all'incoronazione finali, non al bidè e al Vulvanet da motel.

Le brave ragazze esistono perché ne hanno voglia loro, non perché sono il risultato di una brava famiglia di bravi genitori, altrimenti staremmo freschi.

Che cos'è una brava ragazza, da cosa lo capisci e lo capisce lei che è una brava ragazza e non una ragazza qualsiasi?

Dal fatto che, rispettandosi, sa farsi rispettare e che però non rinuncia alla modernità più trasgressiva nel suo genere di lei: non c'è enciclica papale che ella non abbia messo in musica per accompagnarsi con la chitarra a Radio Materdei. Tre sono i suoi hit: *Ascolta, si fa sera: procreamus*, *Si fa sera, ascolta: procreamus* e *Procreamus, si fa sera, ascolta me*. Seguono i cinque numeri di conto corrente per offerte libere dei cari radioascoltatori perché Radio Materdei, secondo Radio Materdei, non vive di pubblicità.

Basta però un'occhiata della brava ragazza nata per capire che è il momento di saltarle addosso, non è una fanatica del non qui, non adesso, non senza un rivolo d'acqua a portata di passera per rinfrescarmela prima e giammai senza prima il Sacro Rito, no.

La brava ragazza nata è una vergine di esperienza, una vergine coi lavori in corso: può decidere il vezzo di restare vergine fino al matrimonio, ma sa che è un rischio puntare sulla pari verginità dell'amato, un lancio d'agenzia a effetto boomerang (le vergini, specie quelle che abbracciano la politica perché nessun uomo si farebbe mai abbracciare da loro, lo fanno sapere a tutti che intendono restare vergini, chissà perché divulgano questo sputtanamento).

Si può decidere in proprio sulla propria sessualità, peccato che da sola una propria sessualità non sia mai esistita e mai esisterà, perché i tuoi organi sessuali sono tuoi ma la tua mente è di tutti e, che tu lo voglia o no, che sia edificante o no, piacevole o raccapricciante, è piena degli organi sessuali di tutti meno i tuoi.

La tua sessualità, come i tuoi occhi, non riguarda mai te. La nostra cosiddetta intimità, o ciò che più crediamo sia solo nostro, è quasi sempre un pubblico pettegolezzo in corso dall'altra parte della strada.

Tuttavia la brava ragazza non se ne fa un problema, il sesso si fa o non si fa o entrambe le cose, ma per lei non è il risultato di un calcolo preventivo, il sesso non è mai una concessione a seguito di una trattativa ideologica in cambio di un potere, per lei è gratuito e appassionato e delizioso sempre, ma è anche un necessario tirocinio alla conoscenza reciproca in vista della futura vita a due.

Niente *do ut des* ideologico, ripeto, solo tutto esclusivamente politico nel senso che le piace fare all'amore, sì, ma vuole anche ripopolare la *polis*.

Intanto, sperimentando il moroso a letto, saprà subito se la sua vita futura sarà quanto prima a tre, primo figlio escluso, o se tutto quello che c'era da conoscere da una relazione prematrimoniale era: ma come si propaga alla svelta il trichomonas!

Non sospetterà mai, la brava ragazza, che il trichomonas è una predote della sua mamma, in calore, fatta al futuro genero da passare alla figlia per renderla edotta delle malattie delle donne utili all'uomo.

La brava ragazza è un'autorità in sé che esercita la sua autorità su di sé e non aspetta imbeccate da nessuno per diventarlo: lo è già, e lei sa cosa significa esserlo o non esserlo ben più di me. Non ha bisogno di nessuno per sapere cosa mettersi, è già vestita di tutto punto che è una meraviglia di portamento e di eleganza e di disinvoltura.

Magari, passeggiando sotto i portici delle Tuileries verso plâce Vendôme, le puoi al massimo far notare, debitamente tossicchiando, «Cara, ehm, forse quelle penne di gallo cedrone nei capelli... non sono un po' eccessive? Spuntale di una spanna, che stai scopando via le ragnatele dalle volte».

Ecco: la brava ragazza nata è ottusa come l'intelligenza della vita che l'ha predestinata a farsi riprodurre da lei, da nessun'altra che da lei, e non in quanto mero apparato riproduttivo ma macchina di memoria, di sapere, di patrimonio sentimentale da tramandare, cioè di bruta umanità.

Ella ha la volontà, la perseveranza, l'ostinazione di una creatura atavica e orrendamente meravigliosa, non è il meccanismo alla tric-trac di un automa: non le si può intellettualmente chiedere tanto.

Nella brava ragazza nata, la genetica in quanto inventiva miopia non potrebbe essere di più larghe vedute: non figlia a caso né per disattenzione né per inesperienza. Lo vuole. È assurdo, razionalmente inspiegabile e raccapricciante, povera tusa, ma è così.

Lo vuole con tutto il corpo anche se lei dirà che lo vuole con tutta l'anima, perché una brava ragazza nata ci è nata, con l'anima, guai a dirle la verità: è probabile che nel corso della giovinezza ci abbia fatto anche degli esercizi spirituali in piena regola e mettendocela tutta.

Una brava ragazza nata è ottusa laddove una qualsiasi si accontenta di essere sprovveduta o prevenuta o scaltra.

Insomma: noi esistiamo perché da qualche parte c'è sempre un'incosciente lungimirante che ha della carne altrui in corpo e intende appiopparcela a tu per tu.

Si sarà capito che io ho più un debole per le brave ragazze nate che per le altre, anche se la palma della mia simpatia va ai bravi ragazzi, che esistono, esistono. Solo che io non ne ho mai conosciuto uno. Quelli bravi non vengono con me, preferiscono una cattiva ragazza a un bravo ragazzo. E sì che do garanzie alla grande. Ho avuto poche storie prima, sono pulito, faccio fronte ai miei impegni, so sempre cosa mettermi, castigo i costumi ridendoci dentro e me la rido se mi castigano. Non andrei mai a un funerale su una biga vestito da matrona romana senza una coppia di stalloni neri e uno staffile *ton-sur-ton*.

Niente da fare lo stesso.

Deve esserci qualcosa che non va in me, ma non

lo saprò mai. I cattivi ragazzi passano all'azione, i bravi tacciono. Qualcuno che faccia e parli non esiste nemmeno per me.

Destino.

Ingiustizie così.

Tuttavia un bravo ragazzo non è mai indispensabile per nessuno, basta che ci sia un ragazzo e poi al resto ci pensiamo noi, vero care?* È il nostro fatale tormentone: con gli uomini dobbiamo fare tutto noi, spesso anche gli uomini.

Ma non vorrei tergiversare.

La brava ragazza nata che intendo io è brava proprio perché ha tali e tanti attributi che, se volesse, con uno schiocco di dita si trasforma in quella cattiva ragazza ai cui piedi tutti accorrono, non fosse che per farle le scarpe. Sto parlando di una ragazza dal carattere forte, dal profondo sentire, che senza bisogno di tanti ammaestramenti ha capito la cosa fondamentale della vita di una donna: lo specchietto per le allodole lo farà qualcun'altra, non lei.

---

* Volatilità delle parole quando il significato non cambia! Metà dicembre circa del 1998, mia madre mi fa, «È saltato fuori un figliuolo in Australia che dice che Pippo Baudo è suo padre, e Baudo è stato proprio bravo, neh, non come quel Maratona là che ha il figlio a Napoli e dice che non è suo. Lui invece si sottometterà di sua spontaneità alla prova del ma», e io, «Cosa?», «Ma sì, il ma, quello là del sangue, no?», «Ah, DNA! Di-enne-a, mamma», «E io che ho detto? Se è suo figlio evviva, ma se non lo è? Anche il sangue ha i suoi ma, caro te»; 17 aprile 2000, vittoria (comunque fosse andata) delle Destre alle regionali: mia madre, commentando ammirata la mania di grandezza di Silvio Berlusconi che aveva noleggiato una nave per fare propaganda elettorale, «Ha il fegato di un comunista».

Non c'è niente nella nostra società che possa incoraggiare o confortare una ragazza che, contrariamente a tutte le giustificate paure e ritrosie e orrori e sfaldamenti di questo mondo, ha deciso di prendere la strada della famiglia e della maternità: eppure la sua strada è quella e la percorrerà fino in fondo, fino alle più amare conseguenze, se necessario.

Certo, se una ragazza è brava ma ha deciso che tutto quello che vuole dalla vita è la vasectomia e aprire il primo negozio Almodóvar su un anello di Saturno per vendere alle lunatiche le spirali con nacchere di brillanti, non c'è problema, ma qui da me non troverà il suo giusto diadema.

Se è vero che le brave ragazze vanno in paradiso e le cattive vanno dappertutto, le mie brave ragazze hanno una casa e ci stanno finché è venuto il momento di trasbordare in una propria e mettere su famiglia, fosse pure solo con se stesse. Non me la sento di dare consigli a una che già ha optato in prima persona per ogni cattivo esempio e che, quando resterà incinta, già deve fare fronteggiare alla creatura ancora in grembo la trasfusione totale, la dialisi, la crisi d'astinenza e il *recupero alla vita* attraverso un programma di comunità.

Un nuovo nato ha già i suoi problemi di dipendenza totale, non può avere anche problemi di dipendenza dalla dipendenza della madre cattiva ragazza.

La mia brava ragazza non si innamora di un tossicodipendente né cerca di *salvarlo*: lui è spesso la prova vivente di che cosa succede a voler salvare una tossicodipendente, la sua ex.

Eppoi la brava ragazza la riconosci subito nella gita al museo di Belle Arti: le piace il Romanticismo, il Classicismo, il Neoimpero e Rubens, ah Rubens, e lì si ferma. Davanti all'espressionismo torce il naso, dice che è una questione di buon gusto, tutti quei coloracci violenti, quei lineamenti tagliati con l'accetta, quelle pance magre risucchiate in dentro! E tuttavia comincia con un punch al mandarino per farsi caldo e lentamente scivola verso il vin brûlé, il latte con la grappa, il tè col rum. Ella è prevedibile e insana e sorprendente allo stesso tempo: vuole la camomilla perché le hanno detto che fa bene per avere sonni tranquilli, ma non disdegna l'uomo che la deve convincere a berla con un po' di whisky se poi è per farle fare l'alba a fare progetti di casa, arredamento, figli. Lui crede di essere furbo a incantarla sul futuro per farsela al momento, in verità è lei che lo sta spompando al presente senza averne l'aria.

Anche alticcia com'è, lo sta portando di peso nel futuro che vuole lei.

Per la mia brava ragazza nata, il Danubio è blu, anzi, è il Danubio Blu e lei te lo dimostrerà. Che il Danubio, una discarica giallognola a cielo aperto, sia Blu è più fondamentale che il suo Principe sia Azzurro, basta abbia i cromosomi giusti del maschio che fa come dice lei e si sdoppia, permettendo a lei di triplicarsi come minimo.

La mia brava ragazza nata ama dunque il valzer.

Per il viaggio di nozze ha in testa Vienna tutto compreso, incluso concerto in costume a Schönbrunn e autografo di Haider sul grambiule-ricordo a quadretti tirolesi; nel trasporto in carrozza trainata da un Lipizzano bianco mangia le Mozartkugeln tenendo l'indice un po' in fuori e senza mai sentirsi in colpa a fine scatola, la cioccolata e il marzapane favorendo delle Kugeln, ovvero delle Palle di Mozart l'ovulazione delle spose austro-ungariche di formazione, ma anche l'allegro ma non troppo, e il brio: andante; non crede alla mistica da sballo del sabato sera, lei, non si sbatte in discoteca, non sale in auto con quattro sconosciuti per poi lamentarsene – in entrambi i casi, perché poi mica tutti sono violentatori infoiati, ci sono branchi e branchi di nati troppo stanchi anche per avere un'erezione di gruppo ognuno mettendocene una percentuale.

La mia brava ragazza sa dove sta andando, ha una meta ben precisa e nessuno gliela toglierà di testa anche se è difficile affermare che nessuno ce l'abbia messa senza che lei se ne accorgesse. Ella forse potrebbe dirottare su altri scopi invece di mettere su famiglia, ma lei è dura, decisa, cammina a figa alta più della fronte di Leonida alle Termopili – dove perse.

Non è un uomo né una carriera (né una conciliazione fra quegli estremi opposti casa/lavoro che dilaniano una media ragazza moderna) né una *siste-*

mazione il traguardo del suo pianificato eroismo: quello che vuole con tutte le sue forze è una levatrice. E, per l'appunto, la luna di miele a Vienna dove restò incinta anche Sissi, l'imperatrice d'Austria, suo mito per l'esempio da non imitare in alcun caso, e che lei stessa in verità detesta senza saperlo: le anoressiche raccontano balle ma non mangiano tutte quelle Palle perché *Così fan tutte*.

E la troverà, questa levatrice, dovesse pure andare in Boemia ripristinando la geografia austro-ungarica.

E io sono qui già pronto a farle festa e a canticchiare con lei la sua meritata e gloriosa ninnananna al suo piccolino: «Ninnananna coscine di pollo, la vostra mamma vi ha fatto un gonnello e ve l'ha fatto di buccicca di olmo, fate la nanna coscine di pollo».

Gliela posso fare sia Bel Canto Italiano tipo *Romagna mia*, col pettine scacciapensieri che così schianta subito e si risveglia già nonno, sia hip-hop sia rap sia house, ma e se poi gli viene l'insonnia per tutta la vita?

Cantagliela tu, va', che è meglio.

La perfetta Mamma lavora fuori casa di sera?

Sì, perché gli occhi innocenti delle tue creature non devono vedere di che salti mortali è capace una mamma – e di quanto per farsi intendere debba essere loquace anche a bocca piena – e di quante mani per fare più alla svelta deve ingaggiare fuori dal suo unico tronco che neanche la dea Kalì.

Però non potevi sceglierti come mestiere qualcosa di meno antico e di più virtuale, tipo il telefono a viva voce che intanto tinteggi, sarchi l'orto, rimeni la pappa sul gas e gli dai pure la loro bella educazione sessuale?

Perfetta Mamma en passant

Anna Pomocostola, della buona borghesia armatoriale genovese, bionda, due codini di cavallo, molto carina, tutta in cachemire color tabacco; parla con la erre moscia, ha un occhio vagamente bluastro, come se avesse appena ricevuto un colpo; è arrivata nel ristorante fingendo di essere trafelata, finisce per sedersi accanto a me, che sono nuovo nel suo giro di commensali e non la conosco, e, con una flemma ipnotica ma incantevole, mi fa un sunto della sua vita perché c'è troppo intingolo dappertutto, non vuole perdere la linea e tiene le mascelle libere:

«Ho due figli, uno di diciotto, Giovgio Massimo, e uno di sedici, Massimo Giovgio, vanno molto pev i fatti lovo, guavda, non mi danno alcuna pveoccupazione, non so neanche di avevli; uno dei due deve essеve anche gay, ma non ho ancova deciso quale; dopo che io e mio mavito abbiamo visolto di comune accovdo, da pevsone civili, di sepavavci, io sono venuta ad abitave a Milano e lui è vimasto a Caracas, dove gestisce un vistovante che va molto bene ma sempve vistovante è, sai, una signova lavovave alla vistovazione sai com'è, è imbavazzante no? Io di famiglia non sapevo neanche che esistesseso le uova non di Pasqua, avevamo solo mavinai dentvo e fuovi la povta di sevvizio del nostvo avengavio sulle nostve navi... No, i figli non hanno fatto alcuna vesistenza, anzi, tutti così contenti che papà e mamma andavano ad abitave in due città divevse, avanti e indietvo dall'Italia al Venezuela, tanto i voli glieli paga il padve, pevché io ho dovuto stvingeve i covdoni della bovsa e ho appena cominciato a lavovave, sai, givo in Vespino col casco, pvopio nell'agenzia immobiliave che mi ha tvovato una sistemazione pvovvisovia, pevché dovevo puve tvovave un buco dove stave, no? Mi sono appena compvata una cosina su in alto, con tevvazzo, in via del Gesù, sai, lì accanto a Montenapoleone che così non devo tvibolave ogni giovno come una matta pev andave a fave la spesa... no, al momento non ho un uomo, oddio, uno ci savebbe, ma sai, la diffevenza di classe, di cultuva... non posso lasciavlo uscive con me, mi vevgogno un po', ci vediamo, ma patti chiavi, vita sociale assieme niente, lui come lingua pavla solo il meneghino, *te, tusan dei me' balun, te ta sè minga cossa soi mi*, cose così che mi fanno venive il complesso di supeviovità anche a non volevlo pevché pev me la democvazia è un'avia di famiglia, povevino il mio san Giuseppe, lui è tanto cavo ma poi anche pvepotente, ultimamente, in ovigine veniva su pev sistemavmi le povte, un falegname, ecco, fuovi il dente fuovi il dolove, io, sai, ancova non sistemata coi figli e tutto, pevché uno ha detto che vevvà a viveve con me, Giorgio Massimo, cvedo, o fovse è l'altvo, Massimo Giovgio? Intanto ho in casa l'altvo vispetto all'altvo che voleva venive a stave con me, di questo sono sicuva, vuole iscvivevsi a Giurisprudenza...» – perché mai pronuncia Giurisprudenza o Caracas senza la erre moscia? non sarà che la sta fingendo per tutte le altre? – «o all'Accademia di Bveva? Se è l'Accademia di Bveva, deve esseve il più piccolino dei due, insomma: uno dei due, non quello che vesta con suo padve, anche se poi, ma non vovvei sbagliavmi, deve essevsi già tvasfevito a Londva pev studiave lì... o a Pavigi? E insomma, col mio ometto degli infissi e del matevasso, pevché pev ciulave ciula bene, non volevo impegnavmi più di tanto, uscita come sono da una stovia di vent'anni, sai, volevo vifletteve... Che cosa facevo al vistovante di mio mavito? Pvendevo le pvenotazioni, sopvattutto ovdinavo i fiovi nei vasi, ovchidee, cattleye, con la mia tata india... Massimo Giovgio è un patito del tennis... o è Giorgio Massimo che è un patito della vela? Adesso qui sui due piedi non sapvei, ma sono così spovtivi entvambi! Giorgio Massimo è altissimo, Massimo Giovgio è più minuto... se è lui, adesso deve esseve andato a fave il fine settimana a Fivenze... o a Madvid? Cvedo di avevlo accompagnato alla stazione centvale pvopvio ievi seva... o eva a Linate? Sai, come fai a vicovdavti tutto? È una tale *movida* coi figli! Ho detto al mio falegname di non favsi più vedeve, è saltato fuovi con una gelosia ma una gelosia... e mi ha dato uno schiaffo, si vede molto qui all'occhio? Ecco pevché sono avvivata in vitavdo alla cena, pensa, voleva che vestassi in casa, o esci con me o niente, diceva, pev fovtuna che non c'eva il vagazzo in casa, sai, lui non è abituato a vedevmi esseve pvesa a schiaffi da estvanei... Guavda, sui miei figli posso metteve la mano sul fuoco, sono cvesciuti si può dive come meglio non si può, da soli, tate indios a pavte...» – squillo del telefonino – «Amove! Dove sei? Stai bene? Quando vitovni? Ah, sei appena avvivato... e dove? Alla Malpensa? E che ci fai alla Malpensa? Ah, cevto, che smemovata! È tutto il giovno che mi vipeto ho un appuntamento, ho un appuntamento... ecco con chi! Amove della tua mammina! Ci vediamo a casa, vientvo subito subito, pev mezzanotte comunque sono lì, pvendi un taxi, se vitavdo ci vediamo domani pev la piccola colazione, magavi pev cena, eh? Oh, cavo, cavo, cavo il mio bambino, ho tanta voglia di abbvacciavti Massimo Giovgio...» – pausa – «Ah! Giovgio Massimo! Cavo... E ti fa male? Non vedo l'ova di mettevci su anche la mia fivma...» – chiude – «Eva Giovgio Massimo, ha fatto scalo qui da Londva pev tvascovveve il Natale con me povevetto, s'è appena fvattuvato un bvaccio e ha il gesso... cielo, adesso che ci penso, non vovvei mi abbia detto una gamba... pevché come si suol dive, Pasqua con i tuoi, Natale con chi vuoi... o no?»

Sentimenti perfettamente imperfetti

Io non so se vada a fagiolo o non c'entri niente con noi mamme quanto di cui voglio ragionare adesso, ma mi devo sfogare, e pazienza se sarà solo un incisivo, come direbbe la mia se mai sospettasse che cos'è un inciso, difficilmente integrabile con gli altri denti qui davanti.

Arrivato al mezzo secolo, io so perfettamente distinguere fra l'interesse e l'indifferenza, so cosa sono, so che le parole per designare questi stati d'animo non potrebbero essere più adeguate: ma con l'odio e con l'amore?

Perché da un po' di tempo a questa parte mi chiedo: sono stato più infelice, più disperato, più solo quando ho odiato o quando ho amato? Possibile che non riesca più a separare questi sentimenti che mi si è sempre detto siano l'uno l'opposto dell'altro, salvo poi che l'esperienza che ne ho fatta in cinquant'anni smentisce questa favola e mi sommerge di un dubbio che più atroce non si può?

Questo mio mogio e spassionato sentire è solo mio, circoscrivibile alla mia particolare storia sentimentale e quindi di nessuna pregnanza generale, o non sarà così anche per un sacco di gente? Dove mi sono ingannato, dove sono stato ingannato?

Se la mia esperienza di cinquant'anni deve pur contare qualcosa anche come rappresentanza dell'intera esperienza umana, non posso essere il solo a aver preso lucciole per lanterne e avere sperimentato un unico grigiore laddove doveva scintillare la tenebra dell'odio e splendere la luce dell'amore. Non è che è stata la demagogia dei sentimenti che bisogna provare per essere *normali* (demagogia calatasi poi nella lingua per contrassegnarli in modo falso e fuorviante) a portarmi fuori strada per decenni impedendomi di fare chiarezza prima e, forse, davvero di amare senza scivolare nell'odio perché non una sola volta corrisposto con amore che non fosse il mio ma il suo?

La parola «odio» e la parola «amore» non sono parole esorbitanti rispetto ai relativi, effettivi sentimenti sia di per sé sia, soprattutto, se contrapposte l'una all'altra? Il contrario sarebbe stato un venir meno del sinonimo? Un'omertà del dire come stiamo davvero a emozioni quando usciamo dalla buccia della grandezza ufficiale e entriamo nella polpa della nostra intima pochezza?

Io riesco a dire chi ha odiato chi e quanto e quanto a lungo, ma chi ha amato chi?

Chi ama a parole per un po' grida poi in silenzio per tutta la vita?

L'odio che si ricambia è l'amore che cambia?

Io ho le prove che l'odio (che non ha niente a

che fare con il disprezzo, almeno non subito) è l'amore negato, che odi qualcuno da cui vorresti essere amato e non ci riesci e allora lo odi con tutte le tue forze fino a che non riesci almeno a esserne odiato in pari misura nell'unica reciprocità ormai possibile, la ripugnanza; ma l'amore? quando l'amore resta amore a lungo e diventa amore corrisposto quando corrispondi ancora tu e si rivela quella resa delle armi, quella reciproca compassione, che l'odio non permette in alcun istante mai?

Quando mai l'amore mi ha concesso quell'abbandono, quella fiducia, quel momento di riposo che con l'altro che odi non è neppure pensabile ma che immagini, ti inventi, pensi di essere tenuto a vivere con l'amore, con la persona amata, con l'amore della persona amata oltre che con il tuo amore di te, che già stai capendo che per amare qualcuno, che ti sta corrispondendo sempre di meno, devi continuamente sottrarre amore e rispetto a te stesso?

Quando capisci che per amare troppo devi cominciare a amarti non abbastanza, l'amore stesso non comincia a diventare odio che affiora e che devi reprimere?

E allora, colpo di scena.

Fuori dagli stereotipi dell'ideologia dei sentimenti *dati* e datici una volta per tutte dalla loro formulazione verbale che scaccia come il diavolo l'acqua santa la sfumatura dell'esperienza che ne fai e il dubbio che tutto sia la concertazione di un falsario collettivo, l'amore non è anch'esso una commedia dell'odio, l'amore non è l'allestimento dietro le quinte, la necessaria preparazione tecnica dell'illusione di non essere soli per portare in scena ancora e sempre il trionfo dell'odio che finalmente ci divide e ti fa ritornare a te e alla tua netta solitudine che affila il coltello e lo infilza nella stessa piaga di sempre, la tua?

Oh, davvero l'odio è amore negato che spiattelli mirando dritto al cuore per uccidere e l'amore è odio tenuto a freno mirando nascostamente ai coglioni per castrare?

Così, quando non ti uccidi, ti castri.

Ma tu, mammina cara, non porti queste mie sciocche domande col tuo adorato figlioletto, sii classica, romantica e liberty da quella gran brava nata che sei: limitati a castrarlo, a dargli un beauty di frasi e sentimenti fatti e a farne un uomo vero come tutti gli altri.

La perfetta Mamma
e il buco della serratura

a)
Persiste nell'educazione famigliare alla vita una grossa sperequazione fra maschio e femmina, e non vedo perché debba ancora essere favorita la femmina a scapito del maschio: impedendo e rifiutando alla femmina molte cose concesse al maschio, la si rende inevitabilmente più intelligente e accorta e felice, diciamo più sgamata, di lui.

Perché il maschio può stare fuori casa fino a mezzanotte e lei deve essere rientrata per le nove, per esempio? Perché la bambina ha libero accesso al papà e il bambino alla mamma e non viceversa? Cosicché il bambino, a causa del papà, dovrà inevitabilmente imparare dalla mamma cose di cui non terrà mai conto, mentre la bambina, grazie al papà, disimparerà anche quelle poche sensate apprese dalla mamma: sarà più libera, più cosciente, più critica, sebbene spesso meno donna di suo fratello, in questo preciso spaccato a suo padre.

Non ho ancora capito se è più odioso lo pseudo-femminismo del figlio respirato dalla mamma o il bonario maschilismo della figlia respirato dal papà. Sicché alla fine avremo due discreti pappagalli Kakapo, fotocopia perfetta di quelli che già avevamo in casa nell'attesa del primo lieto evento.

Ben presto la mamma dovrà affrontare il problema (tutto delle sue perverse fantasie) della sessualità senza problemi dei suoi pargoli, anche se mi si riferisce che le domande che una volta erano usuali attorno ai quattro, cinque anni, adesso fioccano non prima del trentaduesimo compleanno dei piccoli curiosoni, con la sorellina (spesso già iscritta a Psicologia e fuori corso da tre anni) che chiede alla mamma perché il fratellino (spesso già *squatter* e da cinque anni in fila alla mensa dei Barnabiti) ha il picciolo sul fondo del pancino e lei no, solo delle perdite color rosso cardinale a ogni morte di papa e cose così.

Insomma, talvolta la sessualità coi suoi stimoli si sveglia presto nell'essere umano e bisogna non farsi beccare impreparate, mammine emancipate che volete stare al passo coi tempi che corrono, spesso solo a parole.

Comunque, date retta a me: prendetevela comoda con i manuali tipo *Il sesso spiegato ai bambini*; spesso tali incombenze spettano alla donna che vi sostituirà accanto a vostro marito vedovo: a lei assisterli amorevolmente come se fossero suoi e portarli fuori dall'età della stupidera dei giorni nostri, quaranta suonati, ora di Orzo Bimbo col Viagra.

Non sprecate fatiche inutili con gli oroscopi, Freud, Madre Teresa, il Barolo, e l'Ogino-Knaus è molto affidabile se non si vuole restare incinta ma di più se si amano le sorprese; non assillatevi anzitempo col voler corazzare i vostri bambini con le nozioni base di un'attività senza fondamento né in sé né spesso in loro: magari, per l'appunto, morite prima.

Purtroppo l'imperfetta mamma, memore dei traumi da lei stessa subiti e che ancora scambia per una corretta educazione alla vita sessuale, interverrà con dei comandamenti invece che con quelle sfumature ineffabili che tengano conto dell'unicità (non riproducibile in teoria) della sessualità di questi nuovi individui, individui per ben poco tempo, ahiloro e ahinoi, e poi per sempre mucchi di massa anche se isolati da soli in un angolo.

Invece di seguire la persona nella sua inedita poeticità, la mamma ne pedinerà il genere per incanalarlo nella norma.

Ecco che così, mentre se è una bambina avremo comunque una donna, se è un bambino avremo un italiano medio.

Un altro.

Fatto – e finito: per sempre.

Purtroppo la mamma generica commette lo stesso madornale errore della Chiesa in fatto di sesso: lo rinnega, lo plasma, lo stigmatizza, lo licita *a condizione di* e, infine, lo perdona e lo assolve. Per lei, tutti i cazzi sono acidi. Se ne impossessa al fine di regolare le coscienze dei sessuali, cioè, facendone degli adepti dalla sessualità distorta, quindi da raddrizzare, instradare, mandare al diavolo.

Inventa una Sodoma e Gomorra da radere al suolo al fine di innalzare a esempio di inculata perfetta il Regno dei Cieli tutto.

La normalità terrena è un'ascensione verso la superiorità ultraterrena di cui nessuno stigmatizza mai la mediocrità concettuale posta al nastro di partenza. Ecco creata un'umanità di beati mostri beati di esserlo.

La Chiesa cattolica è la mamma che mette al centro della vita individuale e sociale delle sue pecorelle alla pecorina qualcosa che non ha posto da alcuna parte: la sessualità umana. E sopra vi pianta un codice d'onore, una *morale*, che si ramifica dappertutto, nel Fisco, nel Traffico, nella Scuola, nella Sanità, nella Moda, in Bankitalia, nel Parlamento, nell'Usura, nella Mafia. È un'omertà universale. E per tutta la vita vende foglie di fico al dettaglio e all'ingrosso e poi chiede un'oblazione per toglierle via.

Quanta gente si danna la vita tutta per comprarsi la foglia di fico adatta allo status della sua ipocrisia indotta affinché si danni la vita per comprarsene una!

Ho capito ben poco della mia sessualità in cinquant'anni di pratica, ma una cosa è certa: non sono il periplo dell'elastico delle mie mutande, io.

La mia sessualità non è il centro della mia persona e, quando lo è stata, non ero io a metterla al centro, era la concertazione per il potere di una oligarchia sessuofobica e sessuocentrica e teologico-sessista che fanaticamente ve l'aveva messa a mia insaputa per meglio tenermi sotto controllo.

La sessualità non può essere il centro di nessuno, pena la sua morte e depravazione e inibizione e tristezza in genere; essa è uno sfioramento costante e diffuso in ogni momento della nostra giornata; in verità la sessualità è anch'essa un aspetto della sensualità nella sua versione subliminale in cui tutti i sensi, più uno, il senso del bisogno dell'altro e del desiderio per l'altro, si fondono in concerto; essa non è lo sfondamento, lo scontro, la soluzione finale, il raptus, lo sfogo in cui l'altro è la sentina momentanea di tutte le frustrazioni di una vita da coglione o da figalessa.

Chi investe troppo nel sesso non saprà mai che cos'è, visto che in sé è gratuito e senza capitali, depositati *in precedenza*, a marcire e a fumigare spettri aspettandosi interessi che nessuno è disposto a riconoscergli per la ragione che anche lui si aspetta che vengano riconosciuti i suoi.

Io lo dico sempre: due si incontrano per fare all'amore e finiscono per smoccolare un ex voto su un altarino di spettri convenzionati con l'Asl della Sega A Due, che sarebbe splendida se non fosse involontaria. È l'altarino delle reciproche mal riposte aspettative totalizzanti verso un gesto che dovrebbe darti il sentimento della caduca e preziosa parzialità della vittoria sulla solitudine umana: pretendendo da esso troppo, ti toglie anche quel poco, ti toglie te a te. Perché non c'è niente di più triste di una forzosa masturbazione involontaria a due, perché non c'è niente di più funereo che dover mascherare il fatto che sei molto più da solo in due che da solo, perché da solo almeno sei con te anche se non lo sai, con l'altro non sei né con lui né con te e lo sai e devi fingere su due opposti fronti: fingere che ci sia lui, fingere che ci sei tu. Fingi talmente bene che sei sicuro, data la perfezione della recita dell'altro da cui non trapela niente proprio come non trapela niente dalla tua, che anche lui sta fingendo.

E invece di amare, troppo spesso provi amare sensazioni.

Credi di star provando ribrezzo per l'altro, invece lo provi per te anche se non ti è chiaro.

La tua mamma e la Chiesa hanno fatto, per l'appunto, centro, loro, non la tua sessualità, e non te lo diranno mai.

Sei dentro la loro trappola anche in quei rari frangenti in cui credi di essere uccel di bosco. E quando, come nel mio caso, sei libero tu, l'altro non lo è mai. E allora sorge spontanea la domanda: fra me e un altro qualsiasi, chi dei due è meglio equipaggiato per fare all'amore?

Spettri per spettri, io, senza dubbio – e per «io» stavolta intendo io e nessun altro.

Perché l'altro ritorna in seno alla mamma e alla Chiesa per trovare sollievo alla sua schiavitù perfezionandola e ripiombandole dentro come programmato sottobanco dai suoi aguzzini, io no.

Lui si rivolge a quella vecchia befana misogina

di sua madre e a Padre Pio, che a Pietrelcina lo guarisce sul posto della frattura del menisco ma lo fa cadere in un burrone con l'auto sulla via del ritorno, io mi rivolgo a Edith Piaf e canto malgrado tutto *La vie en rose* fra una lacrima e cento sospiri – e ricomincio daccapo a credere profondamente in me stesso e nella dirittura, anche morale oltre che estetica, dei miei organetti sessuali.

Mi vedo come l'ultima meraviglia in sé del secolo ventesimo e la prima del secolo ventunesimo, quella che sta su senza appigli né stampelle e ha sempre una parola cara, e una mossa di chiappe, anche per l'ultimo dei miei simili, che è proprio quello più simile a me, io.

So io dove te lo metterei il cero con cui chiedi perdono e conforto a un Signore che non sei mai tu.

E acceso!

Nella nostra gesuitica acculturazione di massa da messa, sacra e in onda, la separazione fra spirito e materia è all'origine della separazione artificiale fra uccello e passera: ma sono un tutt'uno! Certo, se l'uccello accoglie solo la passera e la passera solo l'uccello, finisce che si spennano l'un l'altra e provano solo orrore della loro implumità. Il sesso è inevitabilmente tutto ciò che gli sta attorno: quanto gli sta al centro perde ogni penna (anche in letteratura: figuriamoci nelle relazioni sentimentali!) se così facendo in quanto parte si sostituisce al tutto. E questo vale sia per l'uomo che per la donna, per gli omosessuali normali quanto per gli altri che si vogliono normali e non si è mai capito perché si accontentino di tanto poco, sentirsi normali una volta per tutte invece di sentirsi straordinari di volta in volta.

Forse perché sono normalmente più di bocca buona, visto con chi in fine hanno a che fare, dei simili a loro? Mah.

Il pensiero di dovermi congiungere – secondo il mito dell'eterosessualità che sta alla base della sua stessa stravagante e perniciosa egemonia culturale – con l'altra metà di me stesso da cui mi sarei staccato nella notte dei tempi, fa di me un eremita immediato nel deserto dove spero non ci sia scorpione vivo.

Siccome so come sto, immagino anche come stia l'altra metà che sarebbe alla ricerca di me, sua metà.

Orrore!

Non vorrei rischiare mai e poi mai di incontrarmi.

Avere un uccello, e va bene, ma anche una passera no, non ci sto.

Sono astemio per scelta: posso pisciare per due, ma bere anche per l'altra no.

E se è una che senza il suo dito di bourbon non riesce neanche a scendere dal letto per andare a metterci i cubetti di ghiaccio? E, visto dal punto di vista di lei, se mi ritrovo con un pene ancora più insignificante del mio clitoride?

Solo agli esseri umani a pezzi bene sta di trovare il loro altro coccio. Io resto intero così. Se trovo uno, lo voglio intero come me, con un suo apparato urinario e emotivo a parte.

Spero sempre che chi si rispecchia in me veda solo una cosa: quel luridone che è e che prima non sapeva di essere, e all'istante si butti nel primo strapiombo a tiro.

b)
Era troppo tardi quando ho capito che sarei stato mille volte più felice e più avrei goduto di me e degli altri, della mia nervosa fisiologia e di quella altrui, se la sessualità fosse stata integrata nel contesto del mio essere e non fosse rimasta disintegrata e a sé stante nel testo della mia quanto condivisa paura dei sentimenti che trascina con sé.

Creato quel centro sessista che tutto risucchia sin dall'infanzia, era impossibile uscirne da adolescente, e quando, come me, ne uscivi da adulto, trovavi il vuoto intorno, nessuno che avesse fatto il tuo percorso di disubbidienza politica e religiosa per riappropriarsi di un'idea e di una possibilità di compenetrazione con altri umani in sé strabilianti.

Sono poche le persone che, ai fini della pratica dell'amore, ritengono un colpo di reni ben assestato non meno erotico di una carezza imprevista su una guancia, e rarissime quelle che vedono nella pausa e nello scambio di una fulminea e ironica effusione di affetto la pista di lancio verso stratosfere di intensità carnale perfettamente ritmata e condivisa a quattro mani e a pieno cervello.

Troppo spesso guardo di sottecchi un amante e mi chiedo: sei un amante, lo vedo anch'io, ma di chi, di cosa? della Bella Statuina o del Soldatino di Piombo?

È come conoscere la musica e non saper suonare alcuno strumento. Fai un solfeggio dopo l'altro, ma all'esecuzione di una rapsodia non arrivi mai. Sai molto, ma non sei consapevole di niente, nemmeno di ignorare una tecnica. Sei tu, cioè sei benissimo un altro, e io ne pago le conseguenze: sono io e non sono ancora nessuno. Credi di essere un tipo, sei uno stereotipo.

Sei qui: eri già altrove ancora prima di arrivarci.

Non c'è posto né per me né per te: stiamo facendo, per l'appunto, l'amore.

Qualcosa che non vaaa?

c)
Non capendo niente di sesso, e avendolo lei sperimentato come una catastrofe da tenere a galla per la pace domestica e acqua in bocca, la imperfetta mamma troverà all'uopo motivo di insegnare al suo bambino come si fa e con chi.

Avremo così dei neosessuali concepiti con una morale da dietro il buco della serratura, che poi è il solo buco che le mamme abbiano mai usato veramente da anni a questa parte, non tenendo conto dei parti.

Le mamme e i papà si preoccupano tremendamente se vedono il maschietto giocare con le bambole, cominciano a notargli una effeminatezza e una malizia gay, e non capiscono che non c'è niente di gay in un gay ma che l'unica finocchiaggine è quella che hanno acquisito loro o facendo di una fiammella un incendio o non accontentandosi di un incendio.

Ognuno ha la sua fiammella e bisognerebbe bruciare solo coloro che vogliono spegnertela in nome di una norma a luce eterna.

La mia perfetta Mamma non si preoccupa della sessualità dei figli: è contenta se ne hanno una e stop. Non li spia per vedere se rispondono ai codici della *normalità* (una gran baracconata) o no e non si danno colpe per colpe che non esistono: nessuna mamma è mai colpevole se un figlio è diventato un eterosessuale di quelli che so io e che vanno a uomini perché le donne costano e gli uomini come loro no, mentre loro, che lo fanno ma solo per soldi, sì.

La mia perfetta Mamma sa che deve dare sicurezza al figlio e pertanto non gli dà sicurezze sbagliate epperò belle tonde e una volta per sempre, gli dà la sicurezza che egli stesso è capace di elaborare da sé nel tempo.

Se vuoi rovinare un figlio per sempre dagli la stessa verità confezionata per te dai tuoi genitori quando eri piccola. L'unica maniera per allenare un figlio alla crescita sta nel non bloccargliela subito con l'Aldilà che lo aspetta e l'Origine che fu. L'unica verità sonante o non smette mai di suonare o è atona.

La verità è un percorso da fare, non è un traguardo da cui partire. I lavori della verità sono sempre in corso: siamo noi a dover lavorare per la verità, la verità non ha mai mosso un dito per nessuno, non dare retta ai preti o a una qualche onorevole Civetta.

Chi già possiede la Verità, se la fa rivelare da un dio e poi la possiede per suo tornaconto. Se, per l'appunto, costui la media gratis da un dio, perché per te e la tua salvezza in cambio ti chiede l'anima, e va be', il corpo, e pazienza, ma anche il portafoglio?

Nelle ambasce da morale sessuale, fra un Ministero della Norma e un Mistero di Norma, fatti la Callas – ma meglio un mister.

Poiché le lavandaie non esistono più, una perfetta Mamma lascia Dio alle vallette televisive e san Gennaro a Padre Pio

Se ti sei trasferita a Catania dalla provincia di Palermo e il tuo bambino ti chiede, avendo appreso l'italiano dalla televisione romana, «A' ma', chi semo? Da dove venimo? Dove annamo?», sii ineffabile ma precisa, non perentoria e confusionaria, tu rispondigli, «Siamo i Bagatella, da Corleone veniamo, e se ci va bene presto andiamo a Tirana a fare i soldi» e lì fermati, per carità, se non vuoi farne uno squilibrato come te e tuo marito e tutti i vostri avi vuoi rimasti nell'isola vuoi emigrati in Argentina.

Certo che ci vuole un bello spirito imprenditoriale per andare a trapiantarsi a Tirana, cara te! Ma è anche vero che quando si sta in zone italiane così erose dalla disoccupazione persino dei minori, che per fortuna lavorano in nero, anche l'Albania è una rosea speranza per il futuro della tua prole di Bagatella.

Fa' in modo, o mamma misericordiosa che vai a Tirana a fare i soldi, che il gommone comprato con gli ultimi risparmi per il trasbordo dei clandestini nel canale d'Otranto abbia almeno un microonde per scaldare le manine dei curdi, dei pakistani, degli indiani, dei turchi, dei senegalesi, degli algerini, dei locali più piccini e meritevoli. E non pensare «Tanto non sono figli miei» quando tu e tuo marito li butterete a mare per risparmiare benzina e fatica per issarli sugli scogli più lontani dalla costa pugliese, altrimenti i soldi non li farai e non potrai mai dare ai tuoi figli quell'esempio di alacrità e di dedizione, semplificati da un benessere patente, la cui assenza renderebbe l'emigrazione di una mamma un idiota giro dell'Oca.

Cosa non farebbe una mamma del Sud per i suoi figli!

Quello che non farebbe mai per i figli delle altre nemmeno una del Nord.

Perché spesso per la mamma-modello il proprio focolare altro non è che il porcile delle altre più esposte a essere insalsicciate, le gran troie!

Vediamo talvolta nei telegiornali un'esclamazione muta e afflitta negli occhi pietosi di una mamma che fra la folla assiste al ripescaggio del cadavere di un bambino forestiero, certo buttato ai flutti dell'Adriatico come zavorra: «Che peccato, un'altra porchetta mancata!». Ancora un'inquadratura, e la si vedrebbe fare di necessità virtù e gratificare il cadaverino di uno spiedo con una cipolla per parte.

È strano, infine, come anche una madre, in tutto e per tutto un essere umano fino in fondo alla miseria di non essere altro, invece di sentirsi contemporaneamente su entrambe le sponde di una comune tragedia, si senta sempre e soltanto su quella dove sta lei a osservare quella dell'altra madre sulla sponda opposta.

Io, che già vivo in perenne apprensione e commozione per le sorti di ogni pancione che magari non farò neanche in tempo a vedere sgonfiarsi per segnare un'altra vita in porta, se oggi facessi dei figli miei, lo farei solo per sentire più miei dei miei i figli degli altri.

Tanto per cambiare, farei una rivoluzione ippica.

Ah, se dipendesse da me e non da queste leggi infami sull'adozione che la vietano a chi ha più di quarant'anni e non è sposato e è un uomo sessuale di una qualche preferenza o di un'altra o di nessuna e comunque non va mai bene se non è in coppia con qualcuno del sesso opposto (sesso che non ho mai capito che cos'è: è opposto al sesso dell'altro che è dell'altro sesso o è opposto al sesso del bambino in quanto quest'ultimo ne dovrà avere uno in qualche modo uguale a qualcuno dei due sessi? e chi mi garantisce che l'adottando non finisca con degli incalliti travestiti, lei da lui e lui da lei, che si tengono bordone?)! Se dipendesse da me ne avrei già per casa una decina, anzi, tredici di tutte le razze come Joséphine Baker. E di ogni età fra i dodici mesi e i dieci anni, così si passano i vestiti e le scarpe e posso per loro scialacquare nel superfluo: musica, disegno, greco antico, cucinare, orto botanico, voliera.

Non so se sarei capace di fare il padre *e* la madre, ma la perfetta balia ciociara o friulana, manesca, di poche parole e tanto latte sì.

Aiuto, aiuto: ho tanto affetto da dare! E mezzi finanziari ancora di più. Tenetemi se no scoppio.

Come se la garanzia del decoro borghese fosse tutto per le istituzioni preposte a non assegnare orfani e abbandonati nemmeno col contagocce! Perché, una di cinquant'anni, da sola e sensata e con una sua rendita per quanto modesta, o una coppia di operai a paga fissa non possono essere anche loro dei genitori affidabili e mediocri come tutti? Noi, gli inadeguati a adottare per un motivo o per l'altro, non saremmo sempre meglio di un brefotrofio gestito da quelle sorelle di mater dolorose con la caritas già in tasca insieme alla mancia privata? Bisogna essere tutti degli ingegneri, dei commercialisti, dei dottori, degli architetti e lavorare per le infrastrutture delle fioriere del Comune e guadagnare trecento milioni all'anno per un bassorilievo sulle Vite dei Cesari su un orlo di cemento armato a calco per avere un bambino in adozione? Non sono proprio i poveri che hanno dimostrato da sempre che se sono ancora lì, poveri come sono, è perché hanno la tempra di sopravvivere a tutti i costi malgrado il caro vita e il caro canone e il caro estinto?

Ognuno trasmette quel che ha, e la raffinata cultura genitoriale che spesso si presume nelle classi sociali economicamente elevate altro non è che l'ignoranza pedagogica più crassa e l'aridità affettiva più perbenino.

Sarà più madre una che arriva con una cornucopia di brioche o una che si leva il pane di bocca? Lo sono certamente entrambe a pari merito.

Io però per me rivorrei la seconda, la mia, sia naturale che acquisita. Ha tutto un altro sapore quel pane sporco della sua amantissima saliva.

Le brioche, come il cielo, possono attendere.

Aggiungo anche che coi miei figliastri sarei bravo, ma questo lo dico io, e resta tutto da provare, il buon proposito non è un argomento, lo so. Dovrei smettere di scrivere, tredici non è che ti lascino tanto tempo per gli ozi letterari, ecco perché oggi lo farei e solo fino a cinque anni fa no, allora non ero ancora così immaturo da abbandonarmi a una simile fantasticheria, ma ne varrebbe la pena. La letteratura non è certo l'alternativa della vita, la letteratura è la letteratura, la vita solo quel che è, ma insomma, alla mia età, dopo aver tirato su tanti fogli...

Certo, io farei di tutto per questa dozzinale manna articolatasi in strilli e pianti e capricci e sbucciature al minuto, starei su a vegliare anche di notte nella speranza di poter essere indispensabile per un'ultima fiaba o sberloncino ino-ino-ino, un buffetto un po' burbero, via, come segno del mio totale rispetto, però non posso giurare che loro sarebbero felici con me.

Di sicuro lo sarebbero i librai, che tirerebbero un sospiro di sollievo nel vedere che mi sono dato una calmata e invece di sfornare tutti questi libri sforno tutte quelle torte, e già questo è un bell'avanzamento per l'umanità e frenerebbe la resa all'editore dei pacchi intonsi di miei capolavori, no?

No.

Grazie alle cure ormonali, quattro figli col cesareo e va subito a ballare

No comment.

Dodici gemellini albini:
un record fascista dei nostri tempi

No comment bis.

L'Ansa si corregge: «Era solo l'infanta Peggy».

(Non era Lady Peggy Tomatosauce von Taxi & Bus, famosa nobildonna del Cheshire datasi alla viticoltura e all'allevamento indiscriminato di capre e cavoli nel Chianti, era solo la sua coniglia di compagnia, l'infanta Peggy, una sconsiderata scopatrice d'angora.

È che gli animali dopo un po' prendono tutto dai loro padroni, anche i lineamenti, e probabilmente anche i sogni nel cassetto, e le agenzie di stampa non riescono a tenere il passo con le rettifiche delle pazze inglesi che ai loro cuccioli danno il loro stesso nome di battesimo e lo gridano all'universo mondo via e-mail.)

La prova del nove
della perfetta Mamma povera
con prole numerosa

Ah, le belle mamme di una volta che anche ora, con spirito di sacrificio esemplare, si privano della migliore carne della loro carne e mandano il figlio più forte e ubbidiente e buono a lavorare in Svizzera e si vestono di nero in segno del lutto che ti prende quando hai ancora il marito, un pescatore, in casa che maledice la miseria e la combatte però lasciandoti dentro esca e tutto con la scusa che intanto dormivi e la quarantena è finita da tre ore, e tu eccoti di nuovo bell'e incinta più disperata di prima!

Il figlio, quanto prodigo, dalla Svizzera manda tutto a casa regolarmente, si tiene per sé solo i soldi per un würstel con senape doppia la domenica, guarda i treni che partono, lui, e sospira, e dopo dieci anni ritorna al paesello natio e non trova niente da parte, a parte un risparmio di dolore epico e insanabile della sua mamma, che veste sempre e solo di nero però di Fendi contraffatto perché adesso è riuscita a rimanere vedova sul serio grazie a un maroso. Non è vero che lei ha provveduto a mettergli via di che per sposarsi con la nipote della perpetua con la quale da bambino andava a spigolare e a rammendare le reti sulla spiaggia, era una bugia pietosa che la madre gli faceva scrivere dallo scrivano del paese che riempie le lettere su comanda, si sono mangiati fuori tutto i cappottini e le scarpine e il prosciutto San Daniele dei suoi fratellini e sorelline, otto, ormai anch'essi afflitti dal problema della disoccupazione e dell'indigenza e del caro scheda del telefonino, e tutti che aspettano di fare un concorso per il posto di bidello locale, nessuno di loro andrebbe mai via di casa in cerca di fortuna, si rassegnano, eh il destino! ogni tanto arriva un assegno familiare e un pacco dalla Pro *Loco*, un'associazione che risale all'occupazione spagnola, ma il governo non fa niente e quindi non c'è niente da fare.

E il suo, di appartamento, chiede lui, il figlio bravo emigrante, che fine ha fatto?

La mamma allarga le braccia e lui capisce che lei gli ha mentito per il bene di tutti, a parte il suo. Però ha saputo trasformare la catapecchia di famiglia in un condominio a tre piani, maestoso, rispetto agli altri attorno sembra l'Ucciardone, e ogni fratello e sorella ha intestato il suo proprio appartamento con garage, tutti ne hanno uno, tutti a parte lui, ma che bisogno c'è, gli fa la mamma, prego, accomodati, è tutta casa tua, al tuo ci si penserà in futuro, tanto tu sei sempre via e gli altri hanno già bocche loro da sfamare, piagnucola lei, nonna a quarantatré anni, peccato che qui ci siano tante migliorie da fare!

Per esempio, la mamma non ha provveduto ai condotti fognari e nemmeno al riscaldamento, chi l'avrebbe mai detto che avrebbe nevicato e gelato anche lì, alle falde dell'Etna, e adesso ci sarebbe anche questa nuova grana, che il terreno sarebbe demaniale e i Verdi pretendono l'abbattimento dello scempio edilizio nel paesaggio, è colpa dei Verdi se quando ci sono delle onde un po' più alte del solito adesso bisogna anche correre a chiudere le finestre, prima nessuno si è mai accorto di niente e le onde non arrivavano dentro o se sì, quella volta che è successo, non hanno mai portato via alcun calcinaccio, solo quel povero vecchio rassegnato di tuo padre buon'anima.

Perché lei per sé, come tutte le mamme, non ha mai preteso niente, vive in cantina e mangia ancora col piatto in mano i suoi ceci con un filo d'olio e nulla più.

Lui si morde il labbro e l'interno della guancia, non le dice che in Svizzera la ficcherebbero in una macinatrice e la triturerebbero insieme ai suoi figli scrocconi per la bisogna dell'Oktoberfest della vicina Baviera, lui tace e china il capo, prende l'involto di frittata da quelle sante mani, riannoda la valigia con lo spago d'ordinanza e riparte col treno delle sei.

Ha detto alla nipote della perpetua di aspettarlo.

Solo pochi, altri anni, non più di dieci, altrimenti vada pure suora, lui capirà.

Riuscirà il nostro spompato eroe a staccarsi dal cordone ombelicale e dall'incubo di tutti quei prismi affastellati coi suoi soldi dai suoi cari e sfortunati caini che non hanno mai spostato il culo dalla cucina e dalla sala di slot-machine della piazza?

No, non ci riuscirà: la mamma è sempre la

mamma, l'equa distributrice di rimesse del figlio emigrante.

I vaglia riprendono con l'antica puntualità, e lui adesso continua a mangiare il suo würstel la domenica al chiosco della stazione ferroviaria, ma adesso la porzione di senape è semplice. In lui, scapolo e senza una sua famiglia, batte ormai il cuore del *pater familias* per eccellenza: uno zio che lavora come un'ape in una parentela di fuchi lazzaroni e smidollati.

Una vera mamma di molte pecorelle smarrite e di molti montoni a spasso individua subito la vittima predestinata del suo gregge e affronta con spirito di sacrificio fino in fondo il sacrificio del capo prescelto per il macello goccia per goccia, alla goccia. E non ha ripensamenti fino a che non ha visto uscire dal suo vello l'ultima rimessa di sangue.

Sanguinerà con lui, il più forte di cui si è privata, il dissanguato per eccellenza, e intanto impartirà consigli di speranza agli altri, i più deboli, aggrappati, sorretti alla sua sottana.

Niente, niente per sé, lei, mai.

In silenzio, con la voce affranta e lo sguardo fra la pietà e la minaccia che sa lei, intercede e media soltanto per il bene di tutti.

Salvo di uno.

Dominando lui, dominerà tutti gli altri.

Niente pretende una perfetta Mamma per sé, solo il controllo totale di tutte le vite nel raggio del suo, si fa per dire, libretto al portatore.

Che cosa fa una perfetta Mamma ritrovandosi in casa un figlio Down travestito che fa la battona e ogni notte rientra con la borsetta piena di soldi perché lo scambiano per una esotica dei Mari del Sud?

Se lo tiene.

Altroché!

Aspetta qualche altro anno e poi ne mette in cantiere un secondo, perché si sa, in casi così particolari e fortunati, più anni aspetti e più il risultato migliora.

Come si comporta invece la perfetta Mamma di un travestito qualsiasi?

Si comporta bene, si comporta.

Se in ascensore da sola, per esempio, non scatarra sulla moquette né, se a tavola, sputa i noccioli di prugna direttamente nel piatto: saltano, mia cara, saltano e vanno a sbattere di qui e di là.

Non fidarti, anche se li fai uscire di bocca lentamente avvicinandoti col naso all'orlo del piatto, non fidarti.

I noccioli di prugna sono infidi per natura.

Quand'è che una maternità isterica può dirsi perfetta?

Quando la donna, a forza di sentire le doglie e di scuotere le braccia come un pennuto, riesce almeno a deporre un uovo, sì.

Le donne saranno perfettamente emancipate quando la forza della mente sarà uguale alla debolezza della figa tanto da, volendolo, prodursi da sé la frittata che vogliono, anche per il solo gusto di girarla.

Dell'indorare la pillola

Oggi tutto è liofilizzato, edulcorato con colori non originali, falsificato, corretto, sofisticato, omogeneizzato, omologato al mercato, facilitato per una più scorrevole digestione – a parole, perché poi in effetti è provato che il pane di nera e grossolana farina di segale, crusca e tutto, è molto più sano, digeribile e nutriente di quello di farina bianca raffinata.

Tutto è ridotto a un'apparente inoffensività che altera i valori di tutte le cose fra di loro e le omologa verso il dolciastro, il medio, il tollerabile solo attraverso l'azzeramento della sua più intima sostanza e struttura; il nero, il bianco e il grigio sono i colori forti imperanti nella moda del nostro tempo, e se no al massimo il color verde cacca di gatto con l'enterite per chi vuole strafare e mettersi in mostra.

Si ha paura che la realtà, come fosse un'amara pianta officinale, faccia male se assunta, cioè se esibita in quanto merce con cartellino del prezzo, per quel che è; ci si è convinti che si debba manipolarla costantemente per non urtare la sensibilità dei consumatori. Questo vale dallo sciroppo alla letteratura, dai sentimenti legittimi in televisione agli istinti ammessi a letto.

Ci si rivolge agli adulti esattamente come ai bambini perché comincino a pervertire, come all'industria è riuscito pienamente, il futuro adulto sin dalle fasce ricorrendo alle esche subliminali per il bambino che ogni adulto nasconde in sé.

Una Mamma perfetta, per farla breve, zucchera o no la medicina prima di darla al suo piccino? E, a prescindere da quella antifecondativa, che è la migliore in assoluto, peccato la debba prendere solo lei, indora la pillola che per forza o per amore il suo piccino deve mandare giù?

Non è criminale – e qui dico subito da che parte sto io – che si abitui il bambino a credere che ci sarà sempre accanto a lui una mamma che gli farà da filtro fra lui e le cattiverie della salute, del lavoro, del gioco, dell'amore, della scuola, della politica, fra lui e le amare *ingiustizie* del mondo e della vita? Può mai una perfetta Mamma che sta portando suo figlio dal dentista passare dalla giocheria perché l'anestesia del giocattolo scacciapensieri lo stordisca prima ancora che l'ago della siringa gli entri in bocca?

Insomma: questo è il perditempo Tempo della Pillola Indorata a tutti i costi che ha reso inani e inermi e vili le ultime generazioni, che non sanno più patire e, quel che è più grave, che sanno godere ancora meno e qui mi incazzo proprio, perché ne sta andando di mezzo anche quel residuo della mia voglia di vivere e, in particolare, della mia orgiastica voglia di eiaculare per terra, finché ce n'è viva il re (e ce n'è, ce n'è).

Tutto l'amaro, dell'alimentazione e della carne umana in particolare, è dunque confluito nello zuccherino degli additivi artificiali, sicché la pralina all'amarena ha lo stesso sapore dello sciroppo per la tosse e una chiavata è diventata la prova per il fai da te dell'idraulico in caso di bisogno (Lui: «Ma qui c'è un ingorgo, cara! Io non ce la farò mai da solo!», lei: «Prova col tiramerda del water, amore, o chiama il signor Arturo del primo piano che sa come fare», lui: «Ecco, libero, non è più otturato! Contenta, adesso?», lei: «Stringimi bene con un po' di stoppa, se no perdo», e entrambi in coro: «Ma che sega, questa sega!»).

Sconfitti il caldo e il freddo, adesso abbiamo il tepore di freschino tutto l'anno, e ci scombussola però il constatare che fuori dalle nostre case il tempo non si è ancora adeguato e continua a fare di testa sua, sicché prendiamo un'insolazione alla prima ora di tintarella e ci vengono i geloni al primo fiocco di neve. Non esistono più le cose che si devono fare perché si devono fare, esistono cose che, dovendo essere fatte, finiscono per poter essere fatte, come se esistesse un'alternativa, e purtroppo si trova. Si trova una possibilità di scelta dove non c'è, il che abitua chiunque a non cercarla e a non trovarla mai più dove c'è.

Ora, a grande scala, ci sono due tipi di Mamma perfetta a modo suo, forse tre o quattro: quella che ti dice che ti porta al luna park quando ti sta portando dal dentista, quella che ti porta al luna park senza dirti dove ti porta (la mia preferita, subito dopo quella che ti porta dal dentista dicendoti fuori il dente fuori il dolore e smettila di frignare se no te ne do un altro dall'altra parte e guai a te se ti esce un lamento, che viene subito dopo ancora quella che ti porta dal dentista non per farti strappare i denti ma per curarteli), quella che, sadica e ipertesa, e diffidente per natura sui risvolti del destino all'ultimo minuto, a suo dire ti porta dal dentista anche quando invece ti sta portando al luna park perché crede più all'eventualità di un ciclone improvviso che alla possibilità di arrivarci mai, anche perché una giostra in piedi dopo un ciclone non la trovi mai, un dentista, non emettendo mai una fattura che è una, sì, e una mamma che esce di casa col suo bambino non esce a caso, una meta la vuole e l'avrà.

Poi c'è quella che comunque ti sta portando in tutt'altro luogo da quello che ti ha detto ma che ti ha taciuto e pensa di avertelo detto chiaro e tondo, perché adesso fai quella faccia?

È affidabile una Mamma perfetta, una mamma che ha sempre la risposta giusta alla domanda giusta se lei ha deciso che sia una domanda sbagliata? No, non credo, ma una mamma e basta sì.

Una mamma è sempre credibile, sempre perfetta, spesso mostruosamente irreprensibile e esemplare, anche se il suo bambino, a causa sua, è vivo per un pelo.

Mia madre, per esempio, quando ero piccolo e non c'era un granché da mangiare né per me né per nessuno, cucinava i polli per gli altri e metteva da parte le punte delle ali, delle zampe e dei colli per noi. Noi – senza neppure sapere che presso i cinesi sono considerate le parti migliori dei pennuti, tant'è vero che loro danno ai cani le cosce e i petti – siamo cresciuti con al centrotavola degli animali mostruosi a otto ali, quattro teste e un numero pressoché infinito di zampe, e io solo in seconda elementare ho saputo che pennuti così non esistevano in natura. Era il cibo della miseria, quello che in seguito è diventato lo stesso cibo della paura della miseria, sicché io ho conosciuto e tuttora conosco solo un pollo di sole ali o, proprio perché tanto male non ci va più, di sole cosce, un pollo per quel che deve essere in gabbia e sulle mense altrui, mai. Talvolta mi lamento, perché, accidenti, quando siamo in miseria e va bene, ci tocca vivere in miseria, ma quando siamo nel benessere ci tocca vivere ancora nella miseria, e questo mi sembra uno schiaffo agli alti e bassi della vita ridotta a soli bassi, e allora gli alti che ci stanno a fare?

Vaglielo a far capire a lei: per lei gli alti sono i nostri, e più in basso di così noi non cadremo mai. Ma gli altri? La mancanza di scelta per il meglio, anche quando ci sarebbe stato possibile, ha accresciuto la mia fantasia unitamente a un principio di realtà che non ha uguali: io non ho bisogno di pensare e di credere e di inventarmi un mondo migliore di quello che vivo e che vedo, non sono vittima di sirene, di lotterie, di oroscopi, di miraggi, di castelli in aria e principi azzurri e del bianco più bianco del bianco, infine di fumosi al-di-là del meraviglioso, in sé sopportabile per quel che è, al-di-qua.

Il sangue cotto del collo di gallina che mi faceva schifo per intero e che mi rifiutavo di mangiare me lo ritrovavo l'indomani in polpette squisite: lei prima me le faceva mangiare e poi mi diceva, «Buone, neh?», «Tanto», «Sono fatte coi colli che non hai mangiato ieri», «Puh, che schiiifo!», «Troppo tardi, hai già mandato tutto giù».

Sicché mi sono abituato, e da allora ho sempre pensato che una menzogna di mia madre non fosse meno veritiera della mia verità, e ho finito per credere di più alle sue polpette a fin di bene e di necessità che ai miei soufflé a fin di meglio e di sfizio.

Certo, questo vale solo per mia madre, un altro potrei strangolarlo per fare polpette della sua cervice seduta stante. «Dove vai tutta vestita di nero?» le chiesi una volta da bambino, «Al funerale di tuo cugino morto di tetano per la spina nel piede», «Vengo anch'io!», «No, tu no, stai a casa che c'hai gli orecchioni», «E si muore con gli orecchioni?», «Questo te lo so dire appena ritorno da questo».

Una volta mi mette sulla canna della bici che sono ancora in mutandine e canottierina e mi dice, «Dài, fuggiamo intanto che non ci sono né dottori né infermieri» – ero ricoverato in città perché mi ero rotto un braccio e non le avevano dato il permesso di portarmi via e lei si era fatta venticinque chilometri a pedalate per venirmi a prelevare e non aveva più intenzione di fare la spola –, «Oh, sì, e dove andiamo?», e lei: «A mangiare una fetta d'anguria».

Così. Non mi sembrava vero, finché non siamo arrivati alla melonaia ero convinto che, come spesso mi minacciava, mi avrebbe portato dai *barabini* che legavano i bambini con le catene e li tenevano giù in cantina a acchiappare i topi se non volevano morire di fame... Con lei non c'è mai stata fine al peggio e al meglio, ma il meglio poteva arrivare al suo culmine con una fetta d'anguria di dieci lire, non oltre, oltre c'era solo l'illusione che fa perdere tempo e energie non meno della sua realtà.

Le cose della vita non erano mai migliori, potevano solo essere peggiori e, una volta che si dimostrassero migliori davvero, non bisognava assolutamente farci caso, prenderle sul serio: bisognava restare se stessi, non diventare loro. Lei incattiviva la medicina, ma non perché fosse maligna o depressa o tirchia o pessimista: perché la medicina non si può incattivire, la medicina è quella che è, salvo indorarla in pillola che, questa sì, lentamente ti farà morire dentro e fuori. E io non posso certo negare di essere cresciuto bello forte, bello sano, bello allegro lo stesso: guardami, non sono di specchiata igiene mentale e civile, infine, artistica e umana?

Tu, aspirante perfetta Mamma, capisci bene che con una madre così o uno diventa un genio o diventa come te e tuo marito.

Fa' tu qualcosa come la mia perché almeno il vostro bambino sia risparmiato dall'avere voi due come suo modello.

Del procreare a tutti i costi, fosse pure per il buco del culo, d'ora in poi chiamato Piopio

Io, sia chiaro, non ho niente contro la fecondazione artificiale o artifecale (sì alla biogenetica con cordone ombelicale via Piopio), contro le cure ormonali per ovulare come coniglie in stato di cattività e di riscatto da tutta una vita di conversazione con dama inglese in Chianti (vedi sopra), tuttavia non capisco perché una debba volersi geneticamente diversa da quello che è anche se il kit della medicina è ormai dispiegato per soddisfare tutti i capricci di una donna, compreso quello di rifarsi le labbra per motivi estetici (le grandi, intendo).

Voglio dire: se sei in grado di fare figli e li vuoi, falli; se non sei in grado, perché ne vuoi di tuoi e di quella testina di cazzo di tuo marito a tutti i costi? Senza figli ti senti menomata? E perché mai?

Perché lo sei di testa, non di utero: l'utero va benissimo così com'è, è il resto che è fuori fase. Pensaci, puerpera che costi quel che costi: sui venti milioni, striscio più striscio meno; gradito l'assegno circolare; non si accettano reclami né merce indietro; banca dello sperma a cinque stelle.

Tanto non ci troverai mai la stella cometa di un mio spermatozoo, o ambiziosa sfrenata.

Credo che dove la natura è di sicuro natura e non condizionamento culturale (una vagina a zig-zag, col rischio di parto podalico via timpano perforato, qualora mai), non canto delle sirene scientifiche che ammaliano non per il tuo bene ma per la propria affermazione, be', credo che lì bisogna più fidarsi di essa che dei nostri strepiti alla normalità di donna e di uomo che hanno fatto la loro parte.

Ripensaci.

Che cosa cambia nella tua vita se anche non hai procreato? E, ripeto, non perché io sia contrario alla creazione in vitro o in azoto degli esseri umani: tanto, peggio di quelli che nascono per le vie maestre, quelli che nascono per le scorciatoie di matracci e cotture a freddo o a babbo morto non possono essere.

Saranno per l'appunto umani, qualcosa di cui nessuno sentirebbe la mancanza o la penuria, dato lo scoppio demografico frutto dello scoppio e dispersione dei cervelli.

Io mi chiedo: chi te lo fa fare? E anche: perché insisti a non sentirti bene nella tua pelle anche senza la pelle di un feto? Perché è un gran bell'alibi quello di spifferare a passepartout, «Sa, tengo famiglia»?

Chi ricorre a simili espedienti per giustificare la sua codardia meriterebbe un giro di giostra di Erode, lui e i suoi figli, via, alè, tutti sgozzati, per impedire quella strage degli innocenti (me compreso) che lo stanno anche a ascoltare e finiscono per lasciarsi incastrare.

Ah, ma un giorno mi sentirà chi osa ancora dirmi, «Sa, tengo famiglia», ah se mi sentirà, gli risponderò, «Ha mai provato a disfarsene al mercato nero? Comprano di tutto».

In questa società è molto più difficile per una donna affermarsi in quanto persona che in quanto madre: una madre, per quanto delinquente e puttana e sciatta, la sfangherà sempre più facilmente di una donna per bene e elegante che non abbia contribuito alla specie e alla sua involuzione.

Se sei una donna per bene e in gamba, ti guarderai bene dal forzare la predisposizione della tua natura uterina per diventare una mamma disgraziata e compassionata come quella scema della tua vicina che ne ha sbolognato dodici in dodici anni.

Una faccenda poi che mi contraria molto è questo vezzo delle lesbiche piemontesi dichiarate di dare un figlio alla loro donna sarda: che ingorde, andare proprio loro contronatura a titillare il già precario equilibrio della densità di cittadini per chilometro quadrato! Ma come, la bassa natalità, insieme alla chiusura dei giornali, è l'unico aspetto di sicura civiltà che contraddistingue da qualche anno una nazione come l'Italia; ma come, tutti i mali del nostro pianeta derivano dalla sovrappopolazione e dall'esaurimento delle risorse naturali e dall'abusivismo edilizio e dall'inquinamento industriale; ma come, la Terra scoppia, concepita per nutrire due miliardi e mezzo di individui, presto ne albergherà sette di cui due già alla fame e quattro già armati fino ai denti anche nelle riunioni di condominio, e le lesbiche e i gay si mettono a voler figli come le comuni anatomie ginecologiche e andrologiche che rischiano di dimostrare di non aver saputo fare altro che i mammiferi in tutta la loro vita? Che ingrati verso la loro sorte di assoluto privilegio questi amanti infertili per investitura di Pan! Ma allora non servono proprio a niente se non ottemperano all'implicita, gloriosa, rivoluzionaria missione di non servire a fare numero almeno loro e malgrado ciò di essere fondamentali come l'aria!

In questo i lesbogay con la fregola della paternità e della maternità sono del tutto simili (e poi stiamo qui tanto a dargli il gagliardetto di *diversi*: uniformi e bari!) a quegli iniettori maschi e a quei contenitori femmine che, dotati dalla natura (che la sa lunga e conta proprio sul loro individuale non intervento per preservarsi) della somma qualità di non poter avere figli, figliano in conto terzi facendosi prelevare o inserire un ovulo, uno spermatozoo, una cellula e poi passano direttamente all'anagrafe, e talvolta lei è una neomammina di sessant'anni con la permanente alla Nilla Pizzi di *Vola colomba*, 1952.

Questi portatori di handicap artificiali (la propria stessa anatomia conformatasi alla stupidità di uno stereotipo *natalizio*) potevano approfittare per fare da calmiere al suddetto scoppio demografico e invece sono andati a dargli man forte; potevano lottare per avere uno sgravio fiscale e un riconoscimento istituzionale su larga scala in quanto protettori e difensori all'ultimo sangue (il proprio e stop) dell'ecosistema sociale, e sono finiti nel calderone di chi, invece di essere punito con la vasectomia sulla pubblica piazza, percepirà, come a Padova, pure un assegno di lire cinque milioni dal sindaco per aver figliato contro ogni buon senso di opportunità collettiva.

Come se sant'Antonio a Padova non avesse già abbastanza animali da benedire.

Oh, sciocchi ecoterroristi dalla placenta coatta, in base a quali condizionamenti spermatici e follicolari e di jeanseria casual siete caduti così in basso da innalzarvi a qualcosa quale la paternità e la maternità che non ha alcun apice di virtù in sé?

Con la differenza che se non c'è alcun merito a figliare se capita capita (lo fanno anche i cani, e salta fuori una dinastia con pedigree) o se lo si vuole (l'ha fatto anche il Ranieri di Monaco con una di Hollywood, e anche tale Savoia, e salta fuori qualsiasi cosa!), a voler figliare a tutti i costi il demerito, l'incoscienza, la superbia e la malafede sono imperdonabili.

Se siete nati così, pensate piuttosto che chi è nato cosà è nato così anch'egli e anch'ella, solo che è il così dall'altra parte della medaglia e che la medaglia ha una sua faccia per tutti e, infine, è unica per chiunque.

Nessun lato della medaglia è in sé migliore o preferibile o più presentabile dell'altro: questo è l'eureka della persona sensata nel suo rapporto coi propri *genitali* e eventuale progenie.

Oggi a Onan, che peccaminosamente spargeva il seme per terra e non in grembo alla donna, ben sapendo che non era formentone che poi germogliava (la Bibbia è un'esaltazione alla pannocchia dalla prima pagina all'ultima, e bisogna fare stirpe se si vuole fare messe), be', a Onan oggi bisognerebbe fare un monumento, il monumento alla Lungi Miralanza: quanti pannolini in meno da lavare!

A quando una stele al Ditalino Pianificato?

Si parla tanto della minaccia del buco dell'ozono: e il buco della cretina, allora?

Non a questa mamma per lo straforo di un'altra è diretto questo mio manuale, per lei dovrei scrivere semmai un *Manuale della perfetta Mistica (con qualche penitenza anche per Lui per averla creata)* e non ne ho alcuna intenzione.

Guai a colei alla quale l'anatomia o la curiosità non l'ha mandata buona ma vi ha provveduto lei a migliorarsela!

Guai a colei per la quale oggi un figlio è ancora tutto nella vita pur non potendolo avere: l'avrà.

Avrà il suo tutto in una vita di niente.

E ben le sta.

Del perché ci sono bimbe che non vogliono dormire a casa dei nonni

Devo restare sulle generali, inutile spiegare perché.

Strillano tutte e tre, piangono, si disperano, niente riesce a convincerle a andare a casa dei nonni, fanno sempre così ogni volta e ogni volta è uno sberlone che vola e poi, fra i singhiozzi più incomprensibili, salgono a turno sulla moto del nonno più felice e buono del mondo che le accompagna dalla nonna, sono tre sorelline in età scalare, sono viziate, dice la mamma, non vogliono mai staccarsi dalla mia sottana e io ho così tanto da fare, se non ci fossero i miei a tenermele di tanto in tanto diventerei matta. Perché ogni volta è una tragedia? Hanno i giochi, il lettone, il giardinetto, da bere e da mangiare e ogni spaciugotto da mettersi in bocca come qui.

Hanno nove, otto e sei anni, ma quella che mi fa l'orribile confessione è una donna di trentasette, una delle ex bambine del vicinato che più ho adorato in vita mia io stesso poco più che adolescente, e sta parlando anche per le sue sorelle; dice che ne ha parlato con le altre due, già madri di famiglia, ma le altre due, che hanno subìto dal nonno le stesse attenzioni, non vogliono assolutamente rivangare niente, non si ricordano niente; dice, inoltre, che secondo lei anche a loro madre, da bambina, con un padre così, è toccata la stessa sorte e ha taciuto, ecco il perché di tante malattie e depressioni e ricoveri, ecco perché è morta di cancro all'utero; io ho il cuore in subbuglio, me lo vedo ancora, il mostro dalle parvenze inermi e dal sorriso sempre pronto, col suo fularino rosso al collo che veniva a rimorchiare le sue nipotine e, mentre io non finivo di proteggerle dal male senza mai nemmeno citarlo per non offendere la loro piccola anima, lui...

Quando la donna ha finito di parlare, le chiedo a bruciapelo: «E tua nonna, tua nonna dov'era intanto che lui...».

«Era vicino a me, nel lettone, io ero in mezzo e lei si girava dall'altra parte per non vedere, io ero terrorizzata e piangevo in silenzio perché lui, intanto che..., mi faceva anche dei segni facendomi capire che se avessi detto qualcosa mi avrebbe pugnalata o strangolata, faceva così, con le mani...»

Fa', o mamma, che questa nonna non sia la sintesi della donna per la quale le violenze cui si girano le spalle non sono mai accadute.

E non meravigliarti troppo se la tua piccina piange e scalcia e non vuole andare a dormire da tua madre e da tuo padre, lei ha una ragione che nessuno le ha ancora insegnato a spiegare e a denunciare.

E poi, via: anche tu sai benissimo perché piange e si dispera. Cerca di sgorgare la memoria incagliatasi per spirito di sopravvivenza e di fatto bloccandoti la vita: alla sua età non piangevi e non ti disperavi anche tu per lo stesso terrore?

Commiato dalla Mamma

Avrai, va da sé, provveduto con largo anticipo alle spese del tuo loculo, urna o buca in terra che sia.

Nel momento supremo, non chiamare attorno a te i tuoi figli per dirgli che li aspetti in cielo a braccia aperte: una volta che hai già fatto testamento, potrebbero correre a cambiare religione pur di non vederti più.

Non lasciarteli sfuggire proprio in quel momento: non firmare mai niente fino all'ultimo minuto, devono spremere ogni lacrima fino all'ultima e piangere per ognuna delle tre ragioni a seguire.

La prima, perché stai morendo; la seconda, perché non ti sei ancora decisa.

La terza: perché non ti sei nemmeno ancora decisa a far venire il notaio e nella camera semiardente hai creato una suspense che si può tagliare a fette.

Se è così, brava: vendicati appena puoi del fatto di avere trascorso tutta una vita, tutta quella che ricordi, da perfetta Mamma e non aver mai capito perché, né perché hai vissuto né perché devi crepare, e poi guarda lì che bel risultato. Bella educazione, bel senso della pulizia che gli hai dato! Il vassoio pieno di strisce di polverina bianca e sempre quelle cannucce su per le narici, e si asciugano i nasi ancora nella manica. Che bambinoni! Cosa faranno adesso senza di te?

Credimi, faranno quello che tu avresti potuto fare senza di loro: fare benissimo senza.

Buon riposo, mia perfettamente riuscita perfetta Mamma, te lo sei guadagnato.

E, comunque sia, approfittane lo stesso: nessuno ne saprà mai niente. Poiché una perfetta Mamma sbaglia anche quando fa giusto e però fa giusto anche quando sbaglia: è al di sopra di ogni giudizio e al di sopra di se stessa, e lei lo sa.

È alta anche quando è bassa, però in compenso è morta anche quando è viva.

Va' là che sei perfetta così come sei, così come non sei, così come credi di essere e così come hai cessato di essere del tutto.

Sei una Mamma perfetta senza scampo, che vuoi di più? L'immortalità? Quella non te la tocca nessuno, bella gioia, sta' pur sicura.

La gente mica è scema, e gli uomini meno ancora.

Comunque non come te.

Nella cassa, ti toglieranno il giro di perle all'ultimo minuto e ti lasceranno però al dito la tua fede di sposa e di mamma e di nonna. Per sempre con te, credi tu.

Ti durerà poco anche quella.

Sappilo subito quando giovinetta speranzosa vai dall'orefice a provartela col tuo lui che di solito la sua se la perde un mese dopo il «sì»: quella è già la mancia del becchino.

«Mamma mia!»
(Prologo a tutto)

Diavolo d'una Madonna! Buttata dalla finestra, eccola in pompa magna rientrare per la porta.

Leggo dai giornali una notizia che mi riempie di entusiasmo e da cui, prima di tutto, prima ancora di riferirla, traggo la tanto auspicata morale: gli uomini del futuro o saranno puri strumenti di piacere o di ricerca (cavie) o non serviranno più a nulla e, gradualmente, li si eliminerà dalla faccia delle società e della Terra.

Finalmente, grazie alla scienza perpetrata dagli uomini stessi, ci sarà un mondo umano di sole donne, che si selezioneranno e cromosomicamente si uniranno fra di loro di generazione in generazione fino a raffinare il concepimento a tal punto che o non nasceranno più maschi o, se sì, vuoi per volontà vuoi per svista, quei pochi copriranno il ruolo assunto ora dai topolini di laboratorio o dai gigolò, questo secondo ruolo come tirocinio per far carriera nel primo.

Era ora!

Ma ecco la notizia: si tratta dell'ultimo passo avanti dell'ingegneria genetica verso un futuro sempre più denso di incognite e che pertanto, considerate le certezze dei traguardi attuali, può essere solo roseo.

Negli Stati Uniti, tanto per cambiare, alcuni scienziati (che certo non possono essere dei maschi gay giovani e attraenti: saranno dei maschi gay vecchi e stressati, che nessuno s'incula più, quindi vendicativi) stanno studiando un nuovo metodo che permetterà alla donna di concepire e partorire un figlio senza più alcun intervento del seme maschile, neppure mediato dalla fecondazione artificiale.

Il gruppo di ricerca è guidato dal genetista Calamity Cock del prestigioso Kulander Institute of Technology del Chiappachusetts, e ha come obiettivo finale una sorta di fusione pilotata dei cromosomi femminili. Un altro salto nel buio, dunque, ancora più avanzato della stessa clonazione: mentre quest'ultima permetterebbe infatti (in una certa misura è ancora di teorie che si parla, purtroppo) di ottenere un essere vivente *fotocopia* dalle cellule di un originale, il nuovo metodo darebbe luogo a una vera e propria partenogenesi: l'ovulo materno che, attraverso una serie di complessi interventi chimici e restando totalmente indipendente dagli spermatozoi maschili, genera una creatura vivente uguale a tutte le altre della sua specie (detto così, sembrerebbe un giro dell'oca da far cascare le braccia: tanto peregrinare per arrivare di nuovo lì? Eh, no, cazzo!).

Non solo: il professor Calamity Cock prevede che, se la partenogenesi con il solo DNA materno funzionerà, si potrà anche ottenere un figlio dalla fusione dei cromosomi appartenenti a due donne. «Non c'è alcuna differenza sostanziale» ha detto il ricercatore, confermando una mia intuizione poetica che mi tengo dentro da decenni. «Basta grattar via contemporaneamente un po' di trucioli da due vagine bocca a bocca e oplà! ogni coppia di amiche sarà una Madonna, magari facendo un po' ciascuna, e ognuna partorirà il suo figlio di Dio fatto in casa con un fai da te alla buona e senza cornuti fra i piedi».

Nella fase attuale degli studi, si stanno già effettuando i primi esperimenti su alcuni mammiferi-cavia tenuti a battesimo da una madrina d'eccezione, la già ovipara attrice Jodie Foster, e nel giro di due anni, assicurano gli scienziati del Kulander Inst., potrà venire alla luce il primo topolino *orfano*, nato in laboratorio senza aver avuto alcun papà.

La notizia, pubblicata dal giornale britannico «Pussy of the Day», ha già suscitato polemiche e reazioni contrastanti: da un lato, l'allarme dei bioetici che vedono in quest'ultimo sviluppo della ricerca un'ulteriore minaccia alla dignità dell'essere umano, cioè una minaccia all'essere umano maschio ovverossia a tutte quelle oligarchie di uomini di cui è composto attualmente ogni potere politico e ecclesiastico; dall'altro, l'approvazione espressa da alcuni gruppi femminili – specialmente nell'universo della ginecologia deviata, cui mi unisco anch'io – che considerano questi studi un ulteriore contributo all'autonomia della donna e al diffondersi delle cosiddette famiglie di fatto, fatte o solo di manici Lui o solo di sporte Lei.

Se il successo della nuova tecnica verrà convalidato dai fatti, qualunque coppia di donne, per esempio di pompiere o gruiste, potrà infatti avere un figlio *proprio*. E il contributo dell'uomo, anche quel contributo del tutto anonimo e esterno rappresentato dalla fertilizzazione in vitro, diventerà superfluo.

Lo dicevo, io...

Secondo Mrs Pistolyne Signoret, dirigente della clinica francofona in Londra Emmanuelle Kunt Centre, da anni specializzata nelle tecniche di fecondazione artificiale, le coppie lesbiche saranno felici di allevare bambini nei quali ci sarà «una parte di ciascuna donna, cioè della sua formaggella naturale, quella che provvede al patrimonio genetico quale il linguaggio, il discernimento della prospettiva fra la base e la cima della Tour Eiffel, la prensilità degli arti inferiori eccetera».

Specialmente negli Stati Uniti, poi, Gratosoglio a parte quanto a doglie di provincia, sono sempre più numerose le donne single, anche eterosessuali seppur per niente, che desiderano un erede senza però dover dipendere da un uomo e che proprio per questo ricorrono ai conti correnti in sperma e ai metodi della provetta: un nome fra tutti, quello della popolare vedette Ru Paul, la corrispondente americana della fu benemerita Mabilia della nostra Compagnia dei Legnanesi.

Mamma mia!

(*Ciapa sü e porta via*).

*Del mio vero rapporto
con Maria Bonora in Busi, mia madre*

Non rimprovero mia madre di non avermi amato come avrei voluto, e nessun figlio maggiorenne con la testa sulle spalle dovrebbe accampare questa pretesa, e quindi non ho niente da rimproverarle. Mi ha amato come poteva lei, ma mi ha amato, e tuttora mi ama come può.

Mia madre non ha mai ricevuto affetto per come lo si intende oggi, comprensione, consolazione, solidarietà, invito a aprire il proprio cuore e liberarlo da un peso.

L'affetto ricevuto per lei, che ha cominciato a andare a lavorare nei campi a sei anni e ha frequentato alcuni mesi delle prime due classi elementari, era un piatto con dentro qualcosa. A noi quattro figli, grazie a lei, solo a lei, non è mai mancato un piatto con dentro qualcosa.

Fine dell'affetto per noi, con la differenza che lei non ha mai avuto né il tempo né il modo per aggiungere al piatto con dentro qualcosa anche il contorno di una carezza o di una chiacchierata che non fosse su quello che si doveva fare per riempire di nuovo il piatto.

Nessuno ha mai fatto una carezza neanche a lei, come poteva sapere come si fa? «Queste cose non si usavano ai miei tempi, era una perdita di tempo e di centesimi.»

Questo da bambina, finché non è diventata grande, ha trovato l'amore e si è sposata.

«Taci, te, che sei ignorante.»
«Taci, te, che sei ignorante.»
«Taci, te, che sei ignorante.»

Questa è l'unica frase che mio padre abbia mai rivolto a mia madre in famiglia e in pubblico per cinquant'anni, e gliela rivolgeva in cagnesco ma senza sbraitare e per farle ancora più paura, quando lei pretendeva di mettere il becco nei conti dell'osteria, fornitori, incasso di giornata, cambiali, perché lei sgobbava sempre come sempre ma soldi non ce n'erano mai per comperare niente, nemmeno un pezzo di terra per costruirci, «col suo tempo», quella casa propria tanto agognata e smetterla di fare san Martino nelle case degli altri.

Si vede che mezzo secolo con una frase simile che ti mulina nelle orecchie poi te la fa anche prendere alla lettera, è l'unica frase che ti identifica col mondo tutto, diventa la tua bandiera e il tuo scudo; e «ignorante», per mio padre, non significava soltanto uno che non sa, perché anche lui mica scherzava, ma anche uno troppo stupido per rendersi conto di quanto ignorante è lui e intelligente chi gliela dice.

Ma mia madre non era e non è stupida, e allora io, e ben prima che restasse vedova, ho capovolto la frase di mio padre e l'ho sempre sfidata e pungolata, «Di' qualcosa, mamma, che sei così intelligente».

Ma ormai era troppo tardi.

Aveva avuto ragione mio padre, se l'era creata in lei, e la seconda natura di mia madre, quella che tornava comoda a mio padre per fare lavorare lei e spendere tutto per divertirsi lui, era diventata la sua sola natura di moglie stanca morta dal lavoro ma azzittita; mia madre si è ribellata a mio padre quando era troppo tardi per ribellarsi poi anche al tempo perduto nell'ignoranza e nella rassegnazione e nella rabbia covata e tenuta giù per decenni a bulinare una vendetta impossibile contro il destino più che contro suo marito, credo, perché lui è stato cattivo e odioso con lei, lei con lui mai abbastanza; la conoscenza di mia madre della tecnologia e della stessa ricezione e elaborazione delle immagini televisive, unico suo mezzo di appoggio didattico a parte il manubrio della bicicletta cui si tiene per andare a fare le spese, si è fermata con Nunzio Filogamo, la chiusura delle filande e lo sradicamento dei gelsi perché nessuno allevava più i bachi da seta nei sottoscala e nei fienili. Non ha nozioni della più elementare geografia né di storia né di arte né di musica, non ha mai assistito a un concerto, non è mai andata al cinema, ha visto una sola opera mezzo secolo fa o che, quella volta di *Madama Butterfly* all'oratorio delle suore che lei non ha neanche pianto come le altre primo perché non capiva come mai una si lamentava perché le era sparito il marito e secondo perché, a suo dire, «si capiva poco, cantavano in cinese e poi cantavano sempre, uno apre la porta e canta, uno saluta e canta, uno va a pisciare e canta, ma fin per carità, sarà mica vita quella, neh?» e le era venuto il mal di testa e la schiena, oh la sua povera schiena, e guai a nominarle il teatro, anche se ammetteva, avendo visto alla televisione l'interno della Scala, che «adesso però hanno tolto le panche e hanno messo le sedie»; gli sconvolgimenti politici o finiscono nella sua borsa della spesa rendendola più leggera o non ci sono mai stati; quanto al rock, ha seguito una mezz'ora il concerto in diretta del Primo maggio a Roma ma solo perché c'era il papa «che però doveva essere molto stanco, è rimasto praticamente sempre seduto e io dopo un po' sono andata a dormire», sottintendendo che non sapeva dire se ha cantato o suonato qualcosa sul tardi.

Dei diritti e delle conquiste delle donne ammette l'omicidio ma non il divorzio, e è schifata dall'adulterio perché non capisce come una donna che ha già conosciuto un uomo possa avere ancora voglia di andare con un secondo, deve proprio essere snaturata. Basta passi uno spot pubblicitario e lei lo assimila a quello che è venuto prima e che viene subito dopo la puntata della telenovela in corso, e a me tocca ascoltarne la trama quando mangiamo, in una vertigine di suore del Settecento che scappano su macchine da corsa scolandosi bottiglie di amaro Paradiso, troie!, in compagnia di uomini che si radono e non devono chiedere mai, hanno tutto loro, rasoio, schiuma da barba e yogurt, finché lei non ritrova il suo bambino lasciato alla ruota, Pirelli, da giovane, ha la dispensa della madre badessa, esce dal convento con la sua creatura e plana nell'intimo donna con i reggipetti che si conformano.

Alla creatura, secondo mia madre, che se li è fatta sempre lei facili da tirar su e giù per allattare.

Dopo i primi anni Cinquanta non c'è stato più alcun cambiamento per lei e in lei, e quindi, essendo io nato nel 1948, nemmeno per me.

Di me, stringendo la brodaglia delle recriminazioni in agguato, sa solo che sono suo figlio e che assomiglio a mio padre «non solo nel fisico, neh».

Non è un gran complimento, tanto per cominciare.

Poco prima che lui morisse, eravamo tutti e tre a tavola, lei alzò gli occhi dal piatto e facendo tutto un improvviso riassunto lo fissò e gli disse sotto il muso, andavano già entrambi per i settanta, «Io ho sempre e solo sgobbato nella vita, te ti sei solo divertito e non hai mai fatto niente», e lui, invece di infuriarsi come un dio offeso e scagliarlesi addosso tirandosi dietro la tovaglia e tutto il resto come avrebbe fatto in condizioni e età normali, le disse con sufficienza, «Mica sono scemo come te, io».

L'ho già scritto: quando ci hanno informato che stava per arrivarci a casa mezzo vivo, e poi invece arrivò interamente morto, stappammo una bottiglia di frizzantino.

Lei, per essere rifiorita è rifiorita, ma a modo suo, poteva diventare un Eden ma non è andata oltre l'aiuola ben curata, è diventata meno aggressiva e più ponderata, ha recuperato in dolcezza e voglia di scherzare, ma spesso mi guarda e mi tratta con una tale spietatezza primitiva, con una crudeltà mentale così articolata nella sua calcolata freddezza e volontà devastatrice di non manifestarsi del tutto, che mi sembra di essere per lei ancora mio padre.

Ma io sono io.

Ecco: proprio questo non sono mai riuscito a farle capire.

La sua indifferenza per me, così da lei apprezzato per le ragioni più sbagliate e che non si possono discutere, è un merletto deposto nella teca delle sue certezze che non mi riguardano; lei parla e parla, talvolta, ma mi dice solo cose e fatti, mai un'elaborazione che mi sia di invito a prendere parte attiva alla conversazione, devo solo ascoltarla, qualsiasi cosa dica non la capisce, e io parlo esclusivamente il dialetto con lei, perciò devo dirle solo le cose che vuole sentire, quelle che sa già, quelle che abbiamo già detto, e lei parla ma io il più delle volte ormai mi assento, da anni e anni, e ogni tanto mi chiedo: ma non si accorge che nessuno è più qui, che io non sono qui, che io non sono io con lei? non si chiede mai dove io sia con la mente? non si chiede mai di cosa mi piacerebbe parlare o sa solo parlare di ciò che piace a lei, cioè tutte le stesse solfe che mi ha già raccontato ieri, l'altro ieri, l'anno scorso e nello stesso modo?

La mia vita con lei è come il mio tipico viaggio in paesi lontani speso fra tempi morti e amarezza e attesa del prossimo tempo morto, poi torno a casa e scrivo uno splendido reportage pieno di colori, di avvenimenti, di fini osservazioni, di personaggi, di dialoghi spassosi e appassionati, e so sempre dove buttare con noncuranza il dettaglio patetico che coglierà di sorpresa anche il più cinico e gli darà il soprassalto della sartina con la lacrima in tasca; vivo il mio viaggio e mia madre non dal vivo, ma sulla carta, ecco perché sono così vivi.

Dal vivo è morta lei come sono morto io, e insieme facciamo due morti che si raccontano una finzione sull'essere vivi, e insieme.

Chi mi legge ha trovato molto spesso la figura di mia madre nei miei libri di viaggio e romanzi, ma la figura di mia madre in letteratura non è mia madre con me nella vita. Mia madre in letteratura è, giocoforza, una trasfigurazione non del tutto idealizzata rispetto all'individuo e nemmeno del tutto reale rispetto al prototipo.

Per parlare di mia madre e del nostro rapporto quotidiano in senso realistico dovrei – come sto tentando di fare ora – svellerla dalla necessità di rappresentarla all'interno di un'opera in cui lei non può essere che un tassello, come dire, della mia estetica del linguaggio narrativo che presuppone una struttura relativa a tutti gli altri tasselli, e *mia madre* solo in quanto rappresentazione di un certo tipo di madre *di cui non si può parlar male*. Non voglio ammettere di averla imbellita o ingentilita, ma devo ammettere che per poter scrivere di lei senza al contempo distruggerla ho dovuto omettere dalle pagine su di lei il suo vero rapporto con me e da quelle su di me il mio vero rapporto con lei.

Mia madre, presa in quanto se stessa, e lasciata a se stessa la sua propria sintesi esistenziale e sapienziale, è assolutamente una donna straordinaria, mirabile, che nella vita desta l'ammirazione e l'affetto di tutti quelli che la conoscono e pendono dalle sue labbra e dal suo uncinetto e dai suoi tortelloni alla zucca con l'amaretto e le frattaglie di pollo; mia madre diventa una parte di se stessa, che solo io conosco – e la peggiore parte di se stessa in un insieme per il resto di specchiata virtù e generosità e di doti diplomatiche davvero veneziane –, solo quando ha a che fare con me.

Tanto per cominciare, diciamo subito che non è mai stata fiera di me se non quando esserlo è diventato facile per tutti; aggiungiamo pure che mi è di grande aiuto specialmente da quando non ho bisogno di alcunché né da lei né da altri, e per amor di verità mettiamoci anche che della mia vita e del mio pensiero e dei miei sentimenti, a parte il mio successo, è più quello che non condivide di quello che sa e le interessa sapere.

Una rappresentazione coglie di una persona solo quegli aspetti funzionali alla parte del personaggio in scena e tralascia tutti gli altri; nel mio caso di

Scrittore e figlio, la rappresentazione che ne faccio tralascia proprio quegli aspetti che coinvolgono il figlio per prediligere quelli che coinvolgono lo Scrittore, il cui unico vero coinvolgimento è sempre una forma di distacco vero e emotivo, alfabetico.

Mia madre da me descritta nell'economia di un testo non è, e non può essere, mia madre nei giorni a perdere della nostra vita di tutti i giorni insieme-senza-esserlo.

Anche se al personaggio di mia madre non ho mai attribuito una consapevolezza da intellettuale ma, anzi, un'ingenuità prossima alla verginità culturale e sociale e politica e artistica propria più al bruto che a un'eroina, spesso mi si chiedono notizie di mia madre vera scambiandola con quella letteraria. Per non deludere i miei, e soprattutto suoi, adoratori, ho sempre pronta una battuta preparata a tavolino, che lei non... non che non ha mai detto... che ancora non ha detto ma che potrebbe dire da un momento all'altro, intendiamoci, e specialmente da una pagina all'altra.

Mia madre vera con quella letteraria ha ben poco a che vedere, perché a forza di metterle in bocca arguzie e lazzi e perle di saggezza e di esperienza ha finito col diventare, nella sua vasta ignoranza che presuppone una lungimiranza ultima e ammirevole nelle cose della vita, una specie di sacra meraviglia da cui tutti vorrebbero essere stati partoriti e che tutti vorrebbero in casa a attenderli.

Io non ho niente da rettificare, nel senso che non ho mai mentito su di lei, e tanto so che per quanti sforzi faccia non mi riuscirà di smitizzare una donna ormai celebre di persona, oltre che come personaggio romanzesco, poiché sono centinaia i lettori e le lettrici che le hanno parlato al telefono o che le sono capitati in casa, tutti pronti a giurare che dal vivo è esattamente come io l'ho dipinta sulla carta.

Ma io devo per una volta riuscire a dire la verità non su mia madre, visto che non esistono moralmente e esistenzialmente alcune verità suppletive di quelle da me già scritte su di lei, ma la verità sul nostro rapporto, su ciò che è e su come è una volta svincolato dalla finzione letteraria, e mi ci proverò adesso.

Che cos'è un rapporto vero fra due persone? Be', intanto direi che l'una sa molto dell'altra e viceversa, che essa sa di più di una che con un'altra non abbia alcun rapporto, o almeno crede l'una e non l'altra o entrambe credono sia di sapere sia di non sapere, ma certo né l'una né l'altra è indifferente al saperne più che può dell'altra; fra due persone si ha un vero rapporto basato sull'amore (non è il caso qui di parlare del rapporto vero basato sull'odio) quando entrambe hanno a cuore la vita, il benessere e l'affetto dell'altra e entrambe pensano che più sanno, che più sono messe al corrente, che più si aggiornano sui pensieri, sentimenti, vicissitudini, fatti dell'altra più il rapporto è vivo e quindi vero; direi anche che un vero rapporto, se vuole mantenersi vivo nel tempo, incrementa la conoscenza reciproca, non si ferma a un'epoca, a un'età, a *un'idea* dell'altro che inevitabilmente diventa un'idea ricevuta, un'idea come ricevuta da terzi; il rapporto vero è vero fra due persone vive e entrambe vere, non è il mausoleo di una salma imbalsamata a fronte di una persona che è viva ma non più con te, non più riguardo a te, viva altrove, viva e vera con altri, con chiunque ma non con te.

Il rapporto vero non consiste nel conservare di qualcuno una memoria che riguarda solo te e non colui o colei che porti in mente – e che ricordi – anche quando ce l'hai di fronte.

Ci sono legami fortissimi e inestricabili che resistono nel tempo proprio perché o non sono mai cominciati o sono finiti ma uno dei due non ha il coraggio, e nemmeno la viltà, di dirlo all'altro.

Spesso vedi due persone insieme per decenni e, ascoltando i loro discorsi tre volte, sai che procedono per luoghi comuni, per aneddoti che si stanno ripetendo per la millesima volta, per una ritualità del *far finta* di avere cose da dirsi, dal cui baratro nessuno dei due saprà risalire né tanto né poco, preferendo sciupare la vita, propria e quindi altrui, ma di preferenza propria, perché entrambi spesso stanno pensando contemporaneamente che l'altro non capirebbe e che non si merita un discorso serio e liberatorio ma che potrebbe ferirlo a morte. Succede di essere egoisti per eccessivo bene dell'altro, di essere eccessivamente filantropi per sfiducia nelle autonome risorse dell'altro, uccidendolo con il troppo, visto che non ci siamo riusciti con il troppo poco.

Succede, dopo un po' che hai abituato qualcuno al tuo affetto e tanto che non glielo puoi più portare via se non a prezzo di sentirti un verme per tutti i tuoi restanti giorni, di preferire l'ammirazione rinnovata alla mancanza di stima subentrata.

È chiaro che, in quanto Scrittore, ho fatto ricorso all'ammirazione universale che suscita lei scrivendo di mia madre, e non è stato difficile: ho trasformato tutti i suoi difetti *con me* in altrettanti pregi per gli altri, perché poi è così anche nella vita, basta che io dica a qualcuno che una cosa fa schifo e va a ruba, basta che raccomandi qualcuno per le sue doti morali e professionali e morirà di fame.

Di mia madre, scrivendone, ho chiuso le battute troppo aperte, ma soprattutto ho fatto balenare una luce laddove il buio reale era talmente irreale, se portato fotograficamente sulla carta, che tanto valeva rischiararlo un po'. Non era necessario esagerare o barare, puoi dire le stesse cose della vita ma la verosimiglianza della letteratura non nasce mai dalle parole a specchio; accorciare o allungare di una parola una frase per bocca di un personaggio significa o distruggerlo seduta stante o renderlo memorabile, vero, vivo – e vivo nel tempo ben oltre la persona che te l'ha ispirato.

Mia madre con me dal vivo è memorabile, vera e viva a torto.

Io con lei non assaporo la vita, ma la sua imbalsamazione; e non da ora, da sempre. È sempre stata cocciuta serva della gleba contraria a ogni affrancamento, testarda familista senza pietà per chi non si sposa e non procrea, convinta ossequiente e venerante ogni autorità costituita, patita reazionaria oscurantista, cattolica di facciata e per conformismo come tutti – sebbene sostanzialmente laica, materialista, il contrario salutare di una bigotta; senza alcuna paura della morte, se ne fa un baffo dell'Aldilà, «basta che tu mi porti i fiori il giorno dei Morti che mi basta e avanza».

Questo poco di negativo sul suo conto lo devo dire, e prima che lei muoia, perché dopo sembrerebbe una pugnalata nelle spalle di un'innocente; in verità non fa alcuna differenza, perché lei non ha mai letto una sola mia riga in vita, non credo che lo farà da morta e neppure che darà retta al solito cretino che gliela vorrà leggere al telefono per farla restare male (a parte il fatto che se uno osasse dire al telefono «patita reazionaria oscurantista» lei chiederebbe se è l'Enel, aggiungerebbe che è regolare con le bollette, direbbe che non deve patire alcuna razione di oscuramento, lei, e butterebbe giù).

Il mio rapporto con mia madre è fatto, da sempre, non di vicinanza progressiva ma di irreversibile allontanamento: mia madre non sa niente di me e non vuole sapere niente; che neppure lo possa in assoluto, non sta a me dirlo. Certo, oggi non lo può; a ottantasei anni, per esempio, non può di certo imparare a leggere e a scrivere per amor mio, ma trent'anni fa avrebbe potuto e, secondo me, anche quindici anni fa, ma si è sempre rifiutata, io i miei tentativi li ho fatti.

Mia madre non sa niente della mia solitudine intellettuale, della mia rabbia politica, dei miei incubi di notte, dei miei dolori di pancia a causa delle aderenze post-appendicite, della mia periartrite alle spalle e alle scapole, della mia cervicale, delle violenze fisiche che ho subìto, dei miei processi, non sa che è dura vivere senza amici e senza amanti e senza animali, sa che sono arrivato qui con tanti sacrifici, che mi riconosce, dati i risultati, ma quando il mio futuro era incerto e il mio presente una frana diceva che ero un lazzarone che perdeva tempo a leggere e a scrivere invece di andare in fabbrica a lavorare; mia madre, ancora oggi, dopo che per ormai due decenni la prego di spegnerlo, tiene acceso il televisore all'ora di pranzo, pranzo che io faccio con lei a casa sua per sua volontà e ordine, non certo perché cucina bene o prepara la tavola in un certo modo o perché assolve a un compito ingrato e io ne approfitto; il compito ingrato è il mio, che ci devo andare anche quando non ne ho voglia.

Con mia madre non posso parlare quasi di niente, perché non ha interessi, perché conosce solo parenti o vicini che non conosco e dei quali mi ripete, spesso per settimane, la stessa ultima cosa che gli è capitata, e io faccio finta che sia sempre la prima. C'è una certa Rita, mia cugina che avrà un sessantacinque anni e che non credo di aver visto più di una volta, che ha ventimila maiali e sei figli, che ormai odio tante sono le volte che mia madre insiste a raccontarmi la stessa solfa sui suoi figli ingrati e sulle sue procedure per l'eredità lasciatale sulle spalle dal marito defunto; mia madre non ha mai capito che mi irrita con questa storia di questa sua nipote che per telefono scarica ogni giorno sulla nostra sparuta famiglia attorno alla tavola, io e lei, le fole della sua, numerosa e dispersa ai quattro venti ognuno nel suo cantone a contare contro l'altro fratello se manca una lira da cinque miliardi a cranio.

Mia madre – che non ha mai guardato un telegiornale in vita sua e che se per sbaglio le capita è peggio perché non riesce a smistare le notizie nemmeno per continente, sicché se cade un aereo è sempre a Brescia – è stata da me supplicata centinaia di volte di non elencarmi gli elettrodomestici che ogni santo giorno alle ore 17 tale Iva regala alla televisione in un gioco a premi per casalinghe, a ogni pranzo del giorno dopo deve, è più forte di lei, fare le meraviglie per la centomillesima lavatrice *vinta gratis*.

Mia madre dovrebbe oramai sapere che io non sono un operaio con gli orari fissi e che la mia pausa pranzo non è necessario che scatti a mezzogiorno in punto, che posso essere trattenuto da una telefonata, da una pagina da finire, da un ingorgo del traffico, da un'udienza in ritardo, da una fila allo sportello della banca, delle poste, alla cassa di un supermercato, da un chiarimento col commercialista, un inquilino moroso, una visita non annunciata che mi fa perdere tempo al citofono per scacciarla via: ebbene no, lei non ammette deroghe, io devo essere seduto a tavola a mezzogiorno in punto, come i contadini che staccavano dai lavori dei campi e della stalla a un quarto alle dodici e alle dodici erano a tavola perché era *già* in tavola.

Se le telefono tardi, mettiamo alle undici e quarantacinque, per avvisarla che farò tardi, lei non capisce che sono in difficoltà, no, lei mi rimprovera, dice che non ho alcuna considerazione per lei, che dovrei sapere che a mezzogiorno è in tavola e che lei ha già buttato la pasta; stamattina, per esempio: gli agnoli in brodo quanto tempo impiegano a cuocere? Dai tre ai cinque minuti al massimo, potrebbe buttarli giù una volta che sono arrivato, che sono lì e che non rischio di mangiarli stracotti, invece no; stamattina, ripeto, le telefono alle undici e quarantacinque, le dico che sono in città, che non ho potuto avvisarla per tempo, che per strada c'è una fila di circa nove chilometri, dato che è venerdì giorno di mercato grande, e io non ho il telefonino, ho fatto una deviazione per trovare un bar che mi permettesse di telefonare, non avevo nemmeno moneta né una scheda, ho dovuto procurarmi anche quelle e bermi di malavoglia un aperitivo per educazione, le dico che sono stato in città per un rinnovo della patente e che sarò in ritardo e lei mi fa, scandalizzata, «Ma io gli agnoli li ho già buttati giù», e con questo mi ha fatto sentire tutto il suo disprezzo, la sua infelicità, l'ordine e la gerarchia delle cose che contano e che a causa mia sono saltati, visto che io persona vengo ben dopo.

Mia madre è una donna insensibile, irremovibile, irreprensibile, intollerante e intollerabile: ma non adesso che è vecchia, perché è così da quando io me la ricordo. Adesso non ha un cazzo da fare, e questa è la sua tragedia, perché ha vissuto solo per lavorare e improvvisamente si accorge che non deve più stirare, lavare, cucinare e tirare la cinghia e la carretta e non si rassegna, deve mettere in croce me, inventandosi il bisogno di fare in fretta perché non ha tempo per tutto. Mia madre non deve fare nulla per me, nessun lavoro domestico, e se io vado da lei per pranzo è solo perché lei non mi darà mai la soddisfazione di essere io a prepararglielo, che così mangerei meglio anch'io. Potrebbe aspettare i miei comodi, no, che importanza ha che io, anche senza avvisarla, arrivi alla mezza, all'una o non arrivi affatto se non posso? Perché ogni volta per un minuto devo sorbirmi una rampogna? Fosse a dire che ha cucinato dei cibi elaborati e freschissimi, che ha allestito la tavola con un trionfo di fiori, o fosse a dire che dopo deve scappare e io sono la causa che le manda a monte un impegno inderogabile! Non ha niente, ma proprio niente da fare, niente a parte approfittare della mia bontà e della mia pazienza. E pensare che davvero io mangio quello che c'è, e rimangio il giorno dopo quello che è avanzato oggi, ieri e quello che avanzerà degli avanzi, e davvero non dico niente se non mi cambia il tovagliolo da una settimana, se la tovaglia è sporca, se il bicchiere è sbreccato, se l'insalata è condita col suo terriccio e tutto, non dico niente nemmeno, anzi, tanto meno, se trovo nella minestra un paio di capelli o nell'arrosto un pezzo di vetro o di fil di ferro o una mosca, intanto che lei china il capo sul suo piatto io tiro fuori dal mio quello che non c'entra e nessuno ne sa niente e io continuo a mandar giù facendole i complimenti o rimproverandola, al massimo, che è dolce di sale.

Per me, mia madre non va dal macellaio, dal fruttivendolo, dal salumiere ogni mattina, quando è insalata è insalata per una settimana fino a che, ormai vizza, mi viene fuori dalle orbite, se sono mele sono mele per quindici giorni, una sola varietà o crude o cotte ma sempre mele, quando è emmental è emmental anche per un mese, poiché era in offerta. E io, zitto.

Mia madre non accetta mai un mio invito non dico al ristorante ma almeno in trattoria, non vuole uscire di casa, non vuole incontrare gente, è ancora nauseata della gente da quando gestiva un'osteria – un'osteria via l'altra, poiché ha fatto ventidue traslochi emigrando col marito fannullone da un'osteria all'altra all'interno di Montichiari –, però se mia sorella la invita a mangiare in cascina coi suoi parenti presi o sua nipote suora a mangiare al refettorio del convento ci va, solo a me dice sempre di no; dice di no da sempre, volevo portarla a Roma, a Venezia, farle prendere un aereo o farla girare in carrozza, mi ha risposto che una volta da giovane ha preso la tradotta e le è bastato per sempre, le ho detto che adesso le tradotte sono diverse e si chiamano treni, c'hanno anche il gabinetto e la cuccetta, a prenotarla, mi prende in parola ma non mi crederà mai.

Lei non vuole niente, non vuole nessuno, non vuole qualcosa che rischi di ricordarle la vita che non ha vissuto, e in questo mortorio trascina me, perché anch'io divento sempre più misantropo, come lei, con la differenza che lei ha il culto dei parenti e della famiglia e dei parenti e una famiglia per coltivarlo, ma io non ho nessuno e se non coltivo la vita non ho niente con cui sostituirla.

Per mia madre, tutto ciò che non conosce non esiste e pertanto ciò che esiste e ha diritto d'esistere è davvero poco. Stesso atteggiamento con le persone: per lei non esistono gli estranei che sono estranei a lei, non vuole assolutamente dare la benché minima possibilità o credito a qualcuno di farsi conoscere a meno che lei non lo conosca già; non ammette che ci possa essere posto in casa sua per qualcuno che non vi ha ancora messo piede una prima volta; le persone che conosce, come me, essendo poi anche quelle che non conosce affatto, sono le sole che godano della sua tirannia sull'essere o no: nessuno che non sia già stato può mai cominciare a esserlo. E non sto divagando: questa è logica poiché è la sua in casa sua e, poiché lei non frequenta case altrui, è la logica e basta.

E la riserva quindi di preferenza a me.

Mia madre è sorda al prestare aiuto ai bisognosi

estranei, i bisognosi *estranei* sono solo dei mentitori di mestiere e non bisogna cadere nella loro trappola; ha manifestato ogni possibile disgusto per me, quando è venuta a sapere che avevo dato a disposizione, dal 1992 al 1999, la mia unica proprietà a delle esuli, cariche di bambini piccolissimi, con gli ultimi accolti che stavano crepando di freddo e di scarlattina in un campo di stoppie poco distante da un centro commerciale di assoluto splendore; quando, alla fine dei miei sette anni di beneficenza di tasca mia, le ho detto, per pura ritorsione contro le sue lamentele per il fatto che mi stavo lasciando sfruttare, che fra zingari e rom e madri bosniache e madri albanesi senza rifugio avevo tirato fuori centottantacinque milioni in affitti non riscossi, bollette, spese condominiali e liquidi mi ha detto, come pietrificata, «Speriamo che il cielo te ne renda merito» e poi per una settimana ha fatto fatica a ricevere il mio bacio sulla guancia perché con l'altra stava ancora masticando il resto della sua osservazione che le rodeva dentro, «... visto che intanto tutti ti ridono dietro, e per primi quelli là che hai aiutato». E questo solo perché le prime due profughe con due figli a testa, dopo due anni si sono volatilizzate alla chetichella perché di certo andavano a stare meglio, e io ero così contento per loro che non mi sono reso conto di una cosa, e questa cosa me l'ha tirata fuori lei: non avevano nemmeno lasciato un biglietto sul tavolo – poiché la casa era arredata – con su scritto «Saluti e grazie», e mia madre ancora adesso mi disprezza perché quel biglietto non è mai arrivato nemmeno in seguito.

Intendiamoci bene sul tipo di figlio che sono stato da ragazzo: io non ho in alcun modo sfruttato mia madre, o non più a lungo del minimo necessario, perché a quattordici anni ero già fuori casa a lavorare negli alberghi del lago e fino a quarantadue anni non ho fatto ritorno a casa, ma nella casa di fronte alla sua – che lei ha perché io, scannandomi come lei per metterli da parte, a suo tempo le diedi tutti i miei risparmi per comperarla –, e la mia propria casa è dotata di ogni comfort e di una domestica a ore che ogni tanto, quando gli scarafaggi sono ormai così addomesticati che vanno a passeggio di giorno, mando su anche da lei; io posso persino affermare di essere stato un bambino che da sé si è lavato la sua poca roba, perché mia madre mi faceva tirare la carriola coi secchi del bucato fino al lavatoio e, inginocchiato di fronte a lei, che io mi vergognassi o no, dovevo stare lì o con lei o con la fantesca a strizzare le lenzuola dei clienti dell'osteria con locanda.

Mia madre non si è ammazzata per farmi studiare, invece di ammazzare mio padre si è ammazzata lei per conto e calcoli suoi, ma i miei studi, in Italia e all'estero, me li sono mantenuti da me; mia madre è stata anche quella che, siccome perdevo tempo a guardarle invece di andare in cantina a infiascare o a tirare lo straccio sugli infiniti pavimenti dell'osteria dell'Aquila d'Oro mi ha bruciato la mia collezione di cartoline, le tenevo in una valigetta di cartone e un giorno arrivo a casa e le trovo che con un gran falò stavano riscaldando, insieme ai pochi libri che con somma fatica ero riuscito a mettere insieme, il gioco di morra di quei quattro habitué del mezzo litro per volta.

Prendiamo la discendenza di mia madre per esempio: mi ha forse, su tre, lasciato un fratello o una sorella su cui fare affidamento per la mia vecchiaia? c'è uno solo fra loro in grado di capire, di uscire dalla limitatezza democristiana scambiata per cultura civile solo perché è la loro? Non devo niente né a mia madre né a mio padre quanto a cellule geniali, perché se così fosse, almeno una, una scintilla di genio sarebbe toccata almeno a uno dei figli dei miei genitori o ai loro discendenti, quindi non posso nemmeno dirle grazie di avermi creato particolarmente dotato o predisposto geneticamente, io mi sono inventato di sana pianta anche quel genio che manca all'ereditarietà, per il resto ubertosa, dei Busi e dei Bonora; no, quello che sono, un genio di luce assoluta, lo devo solo al mio coraggio, alla integrità del mio carattere, alla mia capacità di patire e di non desistere, di distruggere almeno quanto andavo creando e di creare almeno quanto andavo distruggendo: ho creato una distruzione che non poteva essere ritardata e insieme ho creato un mondo che non esisteva, una vita nuova che premeva per venire alla luce; i miei parenti tutti sono di una mediocrità strumentale alle cose come stanno, di un'intelligenza normale, codificata, funzionale al sistema

Italia In Croce, niente di più, forse però col pregio di esserne consapevoli e di non pretendere di più da se stessi e per se stessi. Sono quel che sono, sono se stessi, come milioni d'altri esseri umani: sono gli umani e vanno a carretta di tutti i loro simili, basta. Non posso fidarmi di nessuno di loro, poiché tutta la fiducia di tutti loro insieme nei miei confronti è per me più pericolosa di quanto non sia per loro insieme e uno per uno la mia sfiducia, così mia che non la ripongo nemmeno nelle loro mani. Non gli faccio sapere niente di ciò che, per un verso o per un altro, non capirebbero né può importargli. E mia madre è sempre lì a rompermi i coglioni con la sua solita frase fatta, «Eh, quando sarai vecchio vedrai che ne avrai bisogno anche tu, sono sangue del tuo sangue», intendendo i suoi figli e nipoti. Ma io sono già vecchio, ne avrei già bisogno! E come mi fa rabbia quando cerca di convincere le nipoti «a tenermi buono», nemmeno fossi un mastino, alludendo al fatto che non ho eredi diretti e quindi...

Per loro e mia fortuna, le mie nipoti sono l'antitesi personificata della ruffianeria e disinteressate a tal punto da pensare di fargli così ribrezzo che persino il mio eventuale testamento a loro favore le possa infastidire: non sia mai detto che si sentano poi anche obbligate a leggere le sciocchezze che ho scritto in vita! Io scrittore in vita sono servito loro, brave ragazze nate, per scoprire non me ma Susy Tamen, Romanina Versigliana e Vittorina Missioni, nonché tutti i numeri, in abbonamento, del mensile «Madre»; le mie nipoti sono di gran lunga migliori di quanto nonna Busi non le vorrebbe per vedersi avverare la sua teoria più radicata e arcicontenta: che se hai, sei, e se *shei* – che è una specie di fusione fra tu sei e gli *sghèi*, soldi – hai qualcuno che ti «viene incontro».

Per mia madre, e per il nostro dialetto, l'espressione «venire incontro» ha il significato più cortese e sinistro e disarmante mai concepito dalla filosofia dell'arte della simulazione, poiché significa l'esatto opposto di quanto enuncia: uno ti viene incontro non per portarti qualcosa, ma solo se tu, del tutto socialmente perfetto, hai qualcosa da farti portare via.

Il mio vero rapporto con mia madre è all'insegna della falsità più dichiarata, e della falsità che subisco io, non lei; sono, dei suoi figli, l'unico a aver ribadito le cose, a avergliele dette con le buone e con le cattive, a non aver taciuto, a non averla considerata «un'ignorante» congenita e irreversibile come ha fatto nostro padre; le ho fatto dono di ogni sincerità, di ogni voglia di discutere e di litigare, non è servito a niente: ha imparato più da loro che tacevano per comodità che non da me che le parlavo per disperazione e speranza al contempo. Quello che le ho detto di me, del mondo, della politica, del mio lavoro e della mia vita e, talvolta, di ciò che avrei desiderato (anche da lei: piccole cose, segni di riguardo, tipo tenere sempre un limone anche se poi lo deve buttare via) le è entrato da un orecchio e le è uscito dall'altro; degli altri figli si ricorda anche la cera che avevano in una tale foto, di me si dimentica le cose dal naso alla bocca; io temo che anche per lei sono un personaggio di riguardo, finto, non sono una persona da poter guardare in faccia; lei non sa niente dello stato di emarginazione effettiva, affettiva, sentimentale, sociale, civile, politica, intellettuale in cui un uomo come me deve vivere per produrre l'opera che produce: lei si accalora solo quando la informo dei bonifici bancari che metto a segno con la mia laboriosa e fruttifera disperazione alfabetica; talvolta credo di aver voluto diventare ricco fino al punto di sentirmi tale – seppure un po' a sproposito – solo per dare una soddisfazione a lei, perché per quello che ne faccio io del denaro potrei decidere di risparmiare anche sulla corda per impiccarmi, visto che i sacchetti della spesa sono gratis e coi manici ti stringi un fiocco al collo che lèvati. Mia madre non sa nemmeno che è probabile che non mi sia ancora suicidato perché non voglio darle né un dispiacere in più né un sollievo in meno, e perché mi sono giurato che finché c'è lei, io starò al suo fianco, come un soldato, cui non si chiede se gli piace la sentinella che fa o se non preferirebbe un po' di passo dell'oca.

Io qui a Montichiari sono particolarmente fuori luogo, mi sembra di abitare in una camera iperbarica, o meglio, di essere abitato da una camera iperbarica, e tanto più infelice quando mi rendo conto che ormai sto diventando troppo vecchio per andare via e essere fuori luogo da qualche altra parte rischiando però di esserlo un po' meno; a quarantaquattro anni volevo andarmene via, era un continente davvero dall'altra parte del mondo, ero già andato a trattare una casa, ma quando sono ritornato e gliel'ho detto è sbiancata e è stata a letto una settimana, sicché il progetto, e io con lui, è morto lì; anche di recente, poiché raccontavo di questo mio desiderio di cambiare paese a alcuni conoscenti ma anche dell'impossibilità di esaudirlo per via di mia madre, mi è stato detto che forse erano tutte fisime che mi facevo io, perché non provavo a parlargliene? erano sicuri che lei sarebbe stata contenta se vedeva che la cosa mi avrebbe fatto bene, allora io le ho detto che, anche per via dei reumatismi e dell'artrosi e sì, insomma, mi sarebbe piaciuto trascorrere sei mesi all'anno, dall'autunno alla primavera, in un paese caldo, un paese all'estero, ho specificato, non per sempre, solo sei mesi, non farei neppure trasloco, sei mesi ma ogni anno, e lei mi ha risposto: «Fa' come vuoi, se vuoi vedermi morire».

Come non detto.

Qui, dolorante, con gli aghi sotto pelle dal dolore, la faccia contratta già da una pregressa paresi facciale, qui, stanco e depresso, qui senza ormai più la voglia di mettere il naso oltre la porta, qui, a ingrassare per tedio e mancanza di stimoli, ma qui totalmente accanto a lei, che oltretutto credo non abbia alcuna voglia di morire proprio per non lasciarmi solo, perché sa, e ne è fiera, che non ho ormai nessun altro rapporto al mondo a parte quello con lei, che è stata così brava a farmi il vuoto intorno scavando il suo tunnel da dentro me, con ogni mestizia di talpa accecata d'amore per sé, fino a svuotare me e diventare lei anche dove non doveva.

Mia madre è una donna crudele, e credo che sia crudele con se stessa solo per avere la scusa buona per esserlo con chiunque, principalmente con me, perché nessuno dei suoi altri figli le dà, ovviamente, il peso che le do io, poiché io l'ho scelta e eletta da uomo maturo e indipendente, loro si sono limitati a ritrovarsela così com'è sin dalla culla. Io, giorno più giorno meno, sono stato lontano da mia madre per più di due decenni, e purtroppo la mia nostalgia l'ha resa più reale e presente di quanto non fosse per coloro che l'avevano sempre fra i piedi.

Perché mi sono assunto un compito così gravoso e senza sicura parentesi chiusa? Per premiarla, e per premiare in lei tutte le donne ignoranti, analfabete, senza cuore per il cuore ma solo il cuore per lavorare e sfamare e vegliare senza sosta e senza ragione a parte l'istinto di sopravvivenza per sé e per i loro marmocchi, madri sempre sulla difensiva, sfiduciate, sfruttate, usate, dileggiate, umiliate da quando erano bambine con gli occhi grandi grandi e nessuno cui tornasse conto insegnare loro a guardare e a guadare oltre l'unico sfogo concesso alle mule, quello delle lacrime – anche se io non ho mai visto mia madre piangere, se non di rabbia; non è mai stata una, lei, che piange per far compassione e ottenere qualcosa, lei sta su a lavorare anche di notte se necessario, ma poi va a prenderselo con la vittoria negli occhi senza guardare nessuno.

Per lei la vittoria è non dover ringraziare nessuno o sentirsi di ringraziarlo e ringraziarlo, ma di preferenza non chiedere per non dover ringraziare – però ringrazierebbe comunque, ecco.

Ecco come anche il rapporto più intenso è intenso solo a modo suo, e come il rapporto più vero sia quello più finto, più falso, e che più ti fa sentire quanto sei solo sulla madre Terra.

Ma non m'importa, è sola anche lei, e anche se io non posso dire di avere la sua compagnia, lei ha la mia. Io da qui non mi muoverò, proprio come lei non si è mai mossa dai suoi figli anche nei momenti – anni! – di penuria, fatica, morale e tutto a terra; non si saprà mai perché una persona fa così, eppure se è una madre uno crede di aver capito perché, ma non ha capito che ciò che gli fa comodo: il facile misticismo sull'immolata-a-vita non spiega ancora perché una madre fa quello che deve e un padre fa quello che crede; io non riesco a dare spiegazioni, e questa non mi basta, e tuttavia è proprio questa spiegazione abborracciata che mi permette di fare quello faccio io, seppure senza eccessiva gioia ma di farlo comunque fino in fondo, non è necessario che io sappia bene il perché. So che devo, so che non potrei distogliermene pena lo stare peggio di adesso; io l'ho abituata ai miei baci e alle mie carezze improvvise, ai miei mazzi di fiori, ai miei cioccolatini teneri per via della dentiera, alle mie pastine che si disfano in bocca, arrivo col pacchettino e lei mi apre e mi dice tutta contenta, «Eccolo qui, l'uomo del pacchettino».

E se sto via un giorno, e spesso devo stare via anche di più che lei lo voglia o no, devo lottare se è per prendermi una vacanza, perché se è per lavoro non fiata ma se è per svago comincia la lagna e la ritorsione, e dove vai e perché vai a cercare il freddo per il letto che si sta tanto bene a casa sua e il traffico sulle strade e hai sentito di quegli ostaggi nell'aereo fermo a quell'aeroporto di... sì, da quelle parti lì... e perché non ti metti una sdraio nell'orto (lei dalla sua terrazza può così tenermi sotto controllo con la scusa di gridarmi se le albicocche sono mature e se il merlo è venuto a beccare i pomodori) e perché non te ne stai bello tranquillo senza nessuno che ti rompe i balloni, io potrei sfangarla dicendole che ogni volta che vado via lo *devo fare* per lavoro, ma non voglio in alcun caso mentirle, perché le porterei via vita, mentire significa sottovalutare la capacità di reazione o di comprensione di una persona, toglierle prima del tempo la terra da sotto i piedi, lo dico sempre anche alle mie nipoti, non mentite alla nonna, non raccontatele una cosa per un'altra perché tanto non capisce, ditele comunque una verità ma che sia una verità, magari se vi fa domande cui non avete voglia di rispondere rispondetele non sono affari tuoi se è questo che pensate ma non raccontatele balle per quanto diplomatiche, non siate evasive per comodità vostra, affrontatela da vivo a vivo, non come se voi foste vive nella vostra carne e lei già come morta nel suo brodo, è naturale che una nonna sia un po' curiosa di sapere come vi va e se per caso «avete uno che quando vi vede vi fa marameo», cioè se vi fa la corte, raccontatele qualcosa di sincero, un sentimento vostro della vita, uno qualsiasi ma che sia vostro, anche una sciocchezza va bene se è sincera, a che vi sarà servito fare le vecchie sordomute scontrose anche da giovani con una nonna che voleva partecipare a un poco di gioventù, la vostra gioventù, di chi altri se no, al di sotto dei sessanta vede solo voi, così ci resta desta e moralista e matta dal ridere, non rispondetele a mugugni o con un'alzata di spalle o peggio con una bugia, le bugie a quell'età uccidono come le menzogne perché lei comunque capisce che sta perdendo sempre più valore, che sta per essere messa in un angolo sempre più remoto, e ritornando a me deve capire che se ho bisogno di svago è svago e che non posso sempre andare a guadagnarli, i soldi, ho il diritto di andare qualche volta anche a spenderli, no, nessuno dei miei fratelli starebbe lì a contrariarla quando il modo per ridurla alla ragione è solo quello, riconoscere che non ne ha e dargliela tanto per dargliela, io invece mi metto lì e ci discuto magari fino all'ultimo sangue, ma intanto lei fa altro sangue e quindi fiele di scorta, e però anche altri ricordi, altra speranza, una nuova intensità, ma io non sono loro e nemmeno mi configuro nei suoi confronti solamente come suo figlio.

Ci tento, almeno.

Ma lei, seppure alla lontana, fino a oggi non si è resa conto che prima ancora di trattarla da madre la tratto da persona, cioè da regina della società, proprio perché non voglio essere trattato da figlio, cioè da suddito di famiglia, quale non sono mai stato in precedenza o, se sì, per così poco tempo? Non sarà questo mio amore *aggiunto*, extrafiliale, che le è diventato indispensabile come l'aria che respira? Non sarà questo mio rispetto combattivo, faccia a faccia, che le rende insostituibile il mio arrendermi veloce sulla sua guancia, sua vittoria individuale sull'universo che la scansava con uno spintone e le comandava di stare zitta, che era ignorante, e ora la bacia quando meno se l'aspetta perché ha detto la sua?

E poi penso anche: dunque anch'io ho qualcuno per cui sono indispensabile. Non sarà un granché, sarà solo una madre, ma insomma... E poi penso che non lo sarò comunque mai più per nessun altro, e mi calmo.

A volte la guardo mentre è china sul suo uncinetto e penso: ah, mamma, che peccato, quante cose avremmo potuto dire e fare insieme e non ci è stato, non ti è stato possibile! Come avremmo potuto divertirci, ti avrei portato con me come la mia amica più salottiera e cara, ti avrei portato ovunque, ma hai detto di no al mare, alla montagna, alla città, alle terme, al luna park, ai carri mascherati, alla festa con le salamine al salto; era possibile portarti solo ai matrimoni, ai battesimi, ai funerali dei parenti e allora tanto valeva che ti accompagnasse qualcuno dei tuoi altri figli, che con loro fai più bella figura; avresti potuto leggere almeno le pagine che ho scritto che mi hai ispirato tu, ne avremmo discusso e riso insieme, invece nemmeno quello; e sei così buffa, così spiritosa di tuo che con una piccola spinta, se mi avessi permesso di dartela, mi avresti fatto volare, invece no, sempre lì ingrugnata fra pentole e pizzo a piccolo punto perché non sai fare altro, perché non vuoi imparare altro, perché non vuoi vedere altro e perché ti bastano le tue piante e i passerotti che dipendono dal tuo pane tritato e tutto il resto è inferno, pericolo, truffa, inganno, vanità; vorrei comperarti una spilla, una collana, un orologino un po' sfizioso ma tu no, non vuoi niente, mai niente, ma io non ti do solo gioie per farmi perdonare del tempo che non ti dedico, io il mio tempo te lo do, le gioie sarebbero un di più, che t'importa, prendile semmai e buttale in un cassetto, no, gridi che butto via i soldi e ti secca di non sapermi taccagno anche se poi quando un tuo parente stretto è in ristrettezze economiche non ti fai scrupolo (da buona madre che intercede per saggiare il suo potere, non certo perché prova pena per il supplicante) di chiedermi di dargli qualche milione «che così la facciamo finita», e ovviamente non c'è niente che ti rifiuterei visto che la tua superbia non ti permette di chiedere mai nulla per te, sempre il troppo per gli altri.

E poi, che m'importa se il mio rapporto con mia madre è quanto di più angoscioso e noioso e mortifero e arido possa strisciarmi intorno? Il baratro fra sapere e ignorare può dividere due esseri solo se il favorito per epoca e apprendimenti – e non è detto che dei due sia il più giovane per generazione – è così sciocco da ammettere solo il proprio linguaggio, e quindi la propria evoluzione intellettuale il cui male spiacevole ma inevitabile è l'incomunicabilità con chi *è rimasto indietro*. Per trovare le parole adatte per lei ho fatto deserto delle mie e ho scoperto falde psichiche talmente profonde e vive che al confronto quelle già a disposizione erano cadaveri galleggianti sulla superficie dei vocabolari per morti che camminano. E non lo sapranno mai che a ogni parola, loro senza essere propria, sprofondano un po' di più nella morte da vivi. Perché la gente che trova le parole già pronte non sa che avrà anche i pensieri già fatti. Mia madre è la roccia che non presentava segni di vita, a parte uno strano nontiscordardimé da cui staccava un petalo risicato che lei aveva imparato a far balenare come tutto un eden; nessuno l'avrebbe potuto vedere, ma io l'ho visto e ascoltato, e certo, con quel petalo di sabbia vivente che le usciva di bocca senza neppure vocali sufficienti, lei aveva anche la consonante di un moto degli occhi a far luce definitiva sulla ricchezza infinita del suo discorso di pochi suoni ma genuini, e interamente suoi.

Mia madre non si è mai fatta largo coi luoghi comuni, anche se li conosce benissimo e li tributa solo a gente in difficoltà o in lutto che vuole sentirseli dire. Al telefono è una consolatrice provetta di donne disperate e depresse, la sua litania di consolazioni pronte per l'uso fanno di lei la maga del risaputo, e non appena mette giù la cornetta, si rilassa e sospira, «Ma inculati anche tu!».

Altro che parole a vanvera o in libertà, lei, da parte sua, faceva già troppa fatica a trovare le parole per dire quello che pensava per sobbarcarsi anche la fatica di trovare quelle per fingere di sentire quelle che non pensava. Perché, per quanto strano possa sembrare in una donna del suo stampo, lei non ha mai detto quello che sente, perché per lei sentire è esprimere non il sentimento di getto ma il pensiero che gli soprassiede; lei non è emozionata dall'emozione ma dall'elaborazione della medesima in una frase strappata a viva forza dal vocabolario-che-non-ha, da viscere linguistiche forgiate non dalla lingua data ma, come dire, dall'ottusità vinta del suo stesso sangue.

Lei, quindi, aderisce al suo dialetto e al suo linguaggio o per dire o per tacere, mai per simulare o dissimulare, tattica che detestava a morte, essendo quella del marito. A causa di lui ma grazie a lei, potevo mai avere altra ostinazione che diventare uno Scrittore? Lo sarebbe diventato chiunque si fosse messo d'impegno a vedere un po' che cosa aveva da dire quell'ignorante messa ogni volta a tacere giorno dopo giorno per decenni. Se lui era lui e basta, lei, chiunque l'avrebbe scoperto, era sia lei che lui: lui poteva solo fingere di dire, ma lei poteva anche dire e basta, dire o tacere per irrevocabile decisione presa una volta per tutte, per una sua precisa volontà di mannaia, non già perché, se avesse voluto, non sarebbe stata abile quanto e più di lui a simulare e a dissimulare le finzioni del fioretto. Per vendetta, per rivalsa, e anche per timidezza «a fare il passo più lungo della gamba», avrebbe avuto o il no no o il sì sì – tanto, era sempre no, e il sì una specie di no temperato –, lei avrebbe sempre e solo aderito al «pane al pane e vino al vino» o a abbassare gli occhi, che dell'eloquenza è la sua morte, quindi avrebbe aderito solo a se stessa. E io, con tutto il mio credermi il Carro dell'Orsa, sono solo andato a ruota. Eh, già, gli occhi, dicevo.

Lei ha quegli occhi così chiari, e da un po' di anni così più chiari ancora per via che si sono infossati, che ride anche quando non vuole, e ancora l'altro giorno io le guardavo questi occhi così chiari apparentemente incapaci delle forti tinte della cattiveria, no, e lei stava cercando di raddrizzare bene la schiena contro lo schienale per vedere se sentiva lo scrocco e io le ho messo una gamba sul ginocchio e lei è corsa con la sua mano, ancora così bella seppur più magrolina, sulla mia caviglia e fissandomi mi fa, «Lo sai che quando guardo giù a casa tua e vedo le ante chiuse mi sembra che non c'è più nessuno al mondo?», a me è venuto uno struggimento ma uno struggimento, e poi ha ritirato la mano come se si fosse permessa una frase troppo lunga o una pressione troppo forte sulla mia carne, che in fondo per lei è più che mai carne della sua e non mi può accarezzare più di tanto, io lei sì, ma lei me no, perché una madre come si deve non si fa pizzicare dal figlio a accarezzare se stessa.

Mia madre, come la stragrande maggioranza

delle donne, non ha vissuto la sua vita, non sa niente di sé all'infuori di essere stata il grembo di altri. È come me, che sono stato gli argini di una corrente altrui ma non mi è stato dato di mescolarmi e scorrere via con una vita mia. Sono stato il grembo delle storie dei miei personaggi di cui so tutto e che niente possono sapere di me che ne sono l'autore. E lei, la mia autrice, ha finito per diventare essa stessa un personaggio dell'autore, non la madre di suo figlio. Solo scrivendo questo epilogo mi sono reso conto dell'ingiustizia che si nasconde dietro la mia apparente bontà e spirito di sacrificio con lei, perché c'è qualcosa che è più forte di me uomo e di me figlio e di tutto: che io ho la psiche non di un uomo, ma di uno che scrive della tragicommedia di esserlo. E lei, be', ne ha fatto le spese anche lei, come tutti e io stesso. Per esempio, non l'ascolto nei tempi morti, che poi sono i tempi per eccellenza delle vite umane, non le presto attenzione quando parla da madre e snocciola le sue litanie, ma drizzo le orecchie solo quando è viva secondo i miei parametri di scrittore: quando parla già da personaggio e, ignara, coincide con l'idea che me ne sono fatto e che mi serve quale sintesi di carta prima ancora di diventarlo. Solo capendo e denunciando questa ulteriore violenza che patisce a sua insaputa dal figlio scrittore posso accedere alla sua umanità, e anche alla mia, senza finzione, e al nostro rapporto per quello che è; solo una volta consapevole del limite del mio affetto *interessato* posso amarla, come dire, se possibile di più.

È madre fino in fondo: serve. È la mia serva e non lo sa neppure. È *naturale*, per una madre. Ma non è naturale per un figlio ignorarlo e far finta di niente, darlo per scontato, non scusarsi come può e rinnovarle parole d'amore e d'allegria.

Io, e lo ripeto dal più profondo della mia serietà a costo del ridicolo, restando accanto a lei, con ogni resistenza ma di fatto restando qui dritto come un fuso pronto a farle da stampella e da scendiletto e da borsa dell'acqua calda, resto accanto a me e insieme rendo omaggio deliberatamente a tutte le donne, anche a quelle che madri non lo sono state, che sono state illuse di avere una vita solo perché la davano e non hanno avuto altro che la vita che hanno dato o la vita che non hanno dato e in entrambi i casi sono state punite e alienate dal diritto di avere una vita loro.

Così come noi non sappiamo niente di me, non sappiamo ancora niente delle donne e meno ancora delle madri che ci aspettano. Se è difficile concepire la società presente senza madri, senza sante e senza puttane che in quanto persone marcano visita da millenni, è impossibile presagire una società in cui le donne, finalmente liberatesi dai ruoli di subordinazione per loro stabiliti dagli uomini, non manchino più all'appello. Sarà una grande società, saremo più vicini a un progetto non più utopico di felicità tutta in Terra.

Ma per ora, una donna come mia madre, una

donna come tante ignare di avere avuto una vita per procura, si accontenta di amare non chi vive con lei ma chi con lei muore.

Una madre così sa più cose della vita dalla vita del figlio che dalla sua, ecco perché dà un valore assoluto alla proprietà della morte: perché solo quella, a differenza della vita, è sua, solo dalla sua propria morte sa che ha vissuto anche lei.

Ovvio che, per inaudita bontà, cerchi di trascinare nella tomba il figlio prediletto: perché da soli al mondo, senza più la mamma, si corrono troppi rischi.

> 𝄞 *E i figli crescono*
> *Le mamme imbiancano*
> *Ma non sfiorirà*
> *La loro beltà.*
> *Son tutte belle le mamme del mondo*
> *Quando un bambino si stringono al cuor...*𝄞

Cara, cara la mia mamma che mi vuole con sé *per sempre*!
E chi se non lei?

Bibliografia di Aldo Busi

Opere

Seminario sulla gioventù, 1984
Vita standard di un venditore provvisorio di collant, 1985
La delfina bizantina, 1986
Sodomie in corpo 11, 1988
Altri abusi, 1989
Pâté d'homme (testo teatrale), 1989
Pazza (nove canzoni cantate da Aldo Busi, volume con audiocassetta), 1990
L'amore è una budella gentile, 1991
Sentire le donne, 1991
Le persone normali (La dieta di Uscio), 1992
Manuale del perfetto Gentilomo, 1992
Vendita galline km 2, 1993
Manuale della perfetta Gentildonna, 1994
Cazzi e canguri (pochissimi i canguri), 1994
Madre Asdrubala (all'asilo si sta bene e s'imparan tante cose), 1995
Grazie del pensiero, 1995
La vergine Alatiel (che con otto uomini forse diecimila volte giaciuta era), 1996
Suicidi dovuti, 1996
Nudo di madre (Manuale del perfetto Scrittore), 1997
L'amore trasparente (canzoniere), 1997
Aloha!!!!! (Gli uomini, le donne e le Hawaii), 1998
Per un'Apocalisse più svelta, 1999
Casanova di se stessi, 2000

Aldo Busi sta attualmente lavorando al romanzo *La cenetta intima* interno al libro di viaggi *E io, che ho le rose fiorite anche d'inverno?* e al *Manuale del perfetto Papà (con qualche nerchiata anche per la Mamma)*

Traduzioni

J.R. Ackerley, *Mio padre e io*, 1981
J. Ashbery, *Autoritratto in uno specchio convesso*, 1983
H. von Doderer, *L'occasione di uccidere*, 1983
J.W. Goethe, *I dolori del giovane Werther*, 1983
M. Wolitzer, *Sonnambulismo*, 1984
C. Stead, *Sette poveracci di Sydney*, 1988
L. Carroll, *Alice nel paese delle Meraviglie*, 1988
P. Bailey, *Uno sbaglio immacolato*, 1990
G. Boccaccio - A. Busi, *Decamerone da un italiano all'altro*, 1990-1991
Anonimo, *il Novellino* (con C. Covito), 1992
B. Castiglione, *Il Cortigiano* (con C. Covito), 1993
F. Schiller, *Intrigo e amore*, 1994
Fratelli Grimm, *La vecchia nel bosco*, 1996
Art Spiegelmann, *Aprimi... sono un cane, io!*, 1997

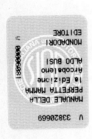

«Manuale della perfetta Mamma»
di Aldo Busi

Arnoldo Mondadori Editore S.p.A.

Finito di stampare nel mese di settembre 2000
presso Mondadori Printing S.p.A.
Stabilimento NSM di Cles (TN)

Stampato in Italia - Printed in Italy